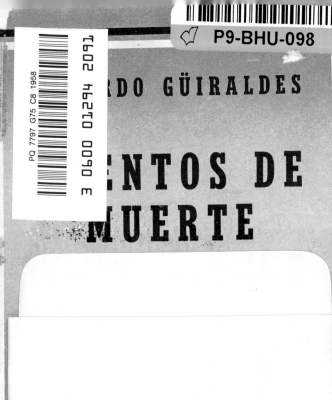

RDO GÜIRALDES

ENTOS DE
MUERTE

CUENTOS DE MUERTE Y DE SANGRE

RICARDO GÜIRALDES

CUENTOS DE MUERTE Y DE SANGRE

AVENTURAS GROTESCAS
TRILOGIA CRISTIANA

(SEGUNDA EDICIÓN)

EDITORIAL LOSADA, S.A.
BUENOS AIRES

IMPRESO EN ARGENTINA

La presente reproducción fotográfica se terminó de imprimir el 23 de
mayo de 1958. en Artes Gráficas Bodoni, Herrera 527, Buenos Aires.

ADVERTENCIA

Son en realidad anécdotas oídas y escritas por cariño a las cosas nuestras.

He intitulado "Cuentos", no teniendo pretensión de exactitud histórica.

R

CUENTOS DE MUERTE
Y DE SANGRE

FACUNDO

Traspuestas las penurias del viaje, cayó al campamento una noche de invierno agudo.

Era un inconsciente de veinte años, proyecto tal vez de caudillo; impetuoso, sin temores e insolente ante toda autoridad. De esos hombres nacían a diario en aquella época, encargados luego de eliminarse entre ellos, limpiando el campo a la ambición del más fuerte.

Apersonado al jefe, mostró la carta de presentación. Cambiaron cordiales recuerdos de amistad familiar y Quiroga recibió a su nuevo ayudante con hospitalidad de verdadero gaucho.

Concluída la cena, al ir y venir del asistente cebador, el mocito recordó cosas de su vivir ciudadano. Atropellos y bufonadas sangrientas, que aplaudía con meneos de cabeza el patilludo Tigre. Contó también cómo se llenaba de plata merced a su habilidad para trampear en el monte.

El Tigre pareció de pronto hostil:

—¡Jugará con sonsos!

Insolente, el mocito respondía:

—No siempre, general..., y pa probarle, le jugaría una partidita a trampa limpia.

Quiroga accedió.

Los naipes obedecían dóciles, y el Tigre perdía sin pillar falta. En su gloria, el joven besaba de vez en cuando el gollete de un porrón medianero, y no olvidaba chiste, entre los lucidos fraseos de barajar.

Inesperadamente, Quiroga se puso en pie.

—Bueno amigo, me ha ganao todo.

Recién el mozo miró hacia el montón, escamoso, de pesos fuertes, que plateaba delante suyo.

El general se retiraba.

Entonces, un horrible terror desvencijó la audacia del ganador. Las leyendas brutales ensoberbecieron la estampa, hirsuta, del melenudo.

—¡General, le doy desquite!

—Vaya, amigo, vaya, que podría perder lo ganao y algo encima...

—No le hace, general; es justo que también usted talle.

—¿Se empeña?

—¿Cómo ha de ser?

Las mandíbulas le castañeteaban de miedo.

Quiroga arremangó la baraja, que chasqueó entre sus dedos toscos.

—¡Bueno, mis estribos contra cien pesos!

Y mandó al asistente traer las prendas.

Facundo comenzó a recuperar; cuando igualaron pesos, sonrió diciendo al huésped:

—Bueno, amigo, a recoger, y hasta mañana.

Pero el mocito, queriendo apaciguar al que creía herido, había de cinchar hacia su desgracia. Balbuceó estúpidas excusas de terror.

Facundo volvió a sentarse, con esta advertencia:

—No culpe sino a su empeño lo que suceda... al hombre sonso la espina'el peje... voy a jugarle hasta lo último, ya que así quiere... Si gana, ensille al amanecer, y no cruce más mi camino...; si pierde, ha de ser más de lo que usted cree.

—¿Y es, mi general?

—¡Bah!, cualquier cosa.

Volvió a fallar el naipe inconsciente.

Quiroga trampeaba con descaro ante la pasividad del contrario, que miraba, como al través del delirio, la figura irreal, agrandada de leyenda.

Cuando el último peso fué suyo, llamó al asistente, ordenándole con una seña explicativa:

—Llévelo a dormir al mocito... y que descanse mucho, ¿no?

El muchacho quiso arrojarse de rodillas e intentar súplicas, pero Quiroga, indiferente, juntaba las barajas, y el asistente era más fuerte.

DON JUAN MANUEL

Bajó de la diligencia en San Miguel de la Guardia del Monte, uno de los pueblos más viejos de nuestra provincia.

Un peón le esperaba con caballo de tiro, como era convenido. Nicanor preguntó por los de las casas. Todos estaban bien y esperaban al señor con grandes preparativos de fiesta.

Regocijábase con la promesa de alegres días. En Buenos Aires, la Facultad absorbía sus ambiciones de estudioso. Poco se daba al placer. La política, la vida social, los clubs, las disipaciones juveniles eran cartas abiertas en las cuales leía escasos renglones.

Las vacaciones, en cambio, le impulsaban a desquitarse.

Miró al gaucho, cuyo chiripá chasqueaba al viento sin que su fisonomía exteriorizara placer alguno por su libertad salvaje, y apoyó las rodillas sobre el cuero lanudo del recado, para sentir más precisos los movimientos del caballo bajo cuyos cascos la tierra huía mareadora.

Oyeron, de atrás, aproximarse un galope; alguien los alcanzaba, y los caballos tranquearon como obedeciendo a una voluntad superior y desconocida.

—Buenos días.

—Buenos días.

Llamó la atención de nuestro pueblero el flete

primorosamente aperado de plata tintinante, cuyos reflejos intensificaban su pelo ya lustroso de colorao sangre e toro.

El hombre era un gaucho en su vestir, un patricio en su porte y maneras.

Con facilidad de encuentros camperos, se hizo relación. Sin nombrarse el recién llegado, preguntó a Nicanor quién era y adónde iba.

—Yo he sido amigo e su padre. Compañero e política también.

Y prosiguió, afable:

—¿Va a lo de Z...? Es mi camino, y lo acompañaré; así conversaremos para acortar el galope.

—Es un honor que usted me hace.

El peón venía a distancia, respetuosamente. Nicanor le ordenó se adelantara a anunciar su llegada, y quedaron los nuevos amigos demasiado interesados en sus diálogos para pensar en el camino.

El hombre averiguaba mucho, y Nicanor respondía, halagado por las atenciones del que adivinaba personaje.

¿Entonces viene a pasar una temporadita? Ya se divertirá. Aquí hay campos para correr todo el día y también avestruces para ejercitar el pulso, y vizcacheras pa probar los paradores, ¿no?

Nicanor no se atrevía a interrumpirle. El temor de parecer un pobrecito pueblero incapaz de hazaña ecuestre alguna, le impedía protestar con decisión.

—Yo no soy de a caballo...

—¡Qué no ha e ser! Lo mismo es si me dijera que es lerdo el zaino.

—Presumo que es sólo un mancarrón manso, elegido para un maturrango como yo.

—¡Bah!... Ya se desengañaría si hiciéramos una partidita.

En sus ojos claros brillaban todas las malicias gauchas.

—Una partidita corta, aunque sea —insistía— como hasta aquel albardón, a la derecha de la vizcachera que blanquea...; dos cerradas, cuanto más... ¿Eh?

Nicanor, no sabiendo ya cómo negarse, objetó, mientras el deseo de ganar le golpeaba en las arterias:

—Como quiera, entonces. Pero estoy, desde ahora, seguro que el colorao me va a cortar a luz.

El semblante de su interlocutor había adquirido un singular poder de brillo. Las facciones parecían más nítidas y los ojos reían, en la promesa de un intenso placer de chico travieso.

—Bueno, cuando diga ¡vamos! Ahora... Atráquese pie con pie... así... galopemos a la par hasta la voz de mando.

Achicábanse los caballos sobre sus garrones. temblorosos de empuje. Veinte metros irían golpeando rodilla con rodilla, sujetando las monturas, que roncaban de impaciencia.

—Bueno... ahora... ¡Vamos!

—¡¡Vamos!!

Y el tropel de la carrera repiqueteó como agudo redoble de tambor.

Tras los desacomodadores sacudones de la partida, corrían serenos par a par. Los vasos crepitaban o se ensordecían en las variaciones de la cancha; redondeles de barro seco saltaban como pedradas del molde de los vasos.

Nicanor animaba al zaino y parecía ganar terreno, cuando el peso del colorado le chocó con vigor inexplicable. Pensó en una desbocada; pero al mismo tiempo, sin lógica alguna, su caballo, con un quejido y la cabeza abrazada entre las manos, corcoveó furiosamente.

Se defendió como pudo. Sus dedos, al azar, arrancaban mechones del cojinillo.

—¡Cuidao! ¡Cuidao... la vizcachera! —le gritaron en una risotada.

Toda noción precisa desapareció para Nicanor. La tierra se le vino encima. Vió un pedazo de cielo, la mole del caballo que amenazó aplastarle, e, inseguro aún, se levantó con un pesado dolor en las espaldas.

Volvió a subir. A lo lejos, por un bañado, corría el compañero de hoy, y un hornero cantaba, o alguien reía.

Cuando llegó a destino, el atolondramiento había cesado.

Casi sin contestar a la efervescente recepción, contó su aventura.

Carlos, su amigo, le interrogó al fin:

—¿Cómo era el hombre? ¿Alto, rubio? ¿Muy buen mozo? ¿De ojos claros y sonriente como una dama?

—Sí, sí —contestaba Nicanor viendo a su hombre.

—Ya sé quién es.

—¿Quién? —preguntó el mozo con secreta idea de venganza.

—Don Juan Manuel.

JUSTO JOSE

La estancia quedó, obsequiosamente, entregada a la tropa. Eran patrones los jefes. El gauchaje, amontonado en el galpón de los peones, pululaba felinamente entre el soguerío de arreos y recados. Los caballos se revolcaban en el corral, para borrar la mancha obscura que en sus lomos dejaran las sudaderas; los que no pudieron entrar atorraban en rosario por el mate, y los perros, intimados por aquella toma de posesión, se acercaban temblorosos y gachos, golpeándose los garrones en precipitados colazos.

La misma noche hubo comilona, vino y hembras, que cayeron quién sabe de dónde.

Temprano comenzó a voltearlos el sueño, la borrachera; y toda esa carne maciza se desvencijó sobre las matras, coloreadas de ponchaje.

Una conversación rala perduraba en torno al fogón.

Dos mamaos seguían chupando, en fraternal comentario de puñaladas. Sobre las rodillas del hosco sargento, una china cebaba mate, con sumiso ofrecimiento de esclava en celo, mientras unos diez entrerrianos comentaban, en guaraní, las clavadas de dos taberos de lay.

Pero todo hubo de interrumpirse por la entrada brusca del jefe: el general Urquiza. La taba quedó en manos de uno de los jugadores; los borrachos lograron enderezarse, y el sargento, sorprendido, o tal vez por no voltear la prenda, se levantó como a disgusto.

A la justa increpación del superior, agachó la cabeza refunfuñando. Entonces Urquiza, pálido, el arriador alzado, avanza. El sargento manotea la cintura y su puño arremanga la hoja recta.

Ambos están cerca: Urquiza sabe cómo castigar, pero el bruto tiene el hierro, y el arriador, pausado, dibuja su curva de descenso.

—¡Stá bien!; a apagar las brasas y a dormir.

El gauchaje se ejecuta, en silencio, con una interrogación increíble en sus cabezas de valientes. ¿Habría tenido miedo el general?

Al toque de diana, Urquiza mandó llamar al sargento, que se presentó, sumiso, en espera de la pena merecida. El general caminó hacia un aposento vacío, donde le hizo entrar, siguiéndole luego. Echó llave a la puerta y, adelantándose, cruzóle la cara de un latigazo.

El soldado, firme, no hizo un gesto.

—No eras macho, ¡sarnoso!; ¡sacá el machete ahora!..., —y dos latigazos más envuelven la cara del culpado.

Entonces el general, rota su ira por aquella pasividad, se detiene.

—Aflojás, maula; ¿para eso hiciste alarde anoche?

El guerrero, indiferente a los abultados moretones, que le degradan el rostro, arguye, como irrefutable, su disculpa:

—Estaba la china.

EL CAPITÁN FUNES

—Como seguridad de pulso —interrumpió Gonzalo—, no conozco nada que equivalga al hecho del capitán Funes.

—Y ¿cómo es? —preguntamos en coro.

—Breve y sabroso. Veníamos de Europa en un barco que hoy calificaríamos de chiquero, pero de primer orden para hace veinte años.

Nos aburríamos océanicamente, a pesar de habernos juntado cinco o seis muchachos para truquear y hacer bromas que acortaran el viaje.

Se truqueaba por poca plata, y las bromas eran pesadísimas.

Al llegar a Santos, fuera el frescor del aire o la proximidad de la tierra, nós remozó un nuevo brío de chistes e indiadas.

Para mejor, subió un candidato, y nos prometimos, luego de analizar su facha enjuta y pretensiosa, hacerlo víctima de nuestras invenciones.

El más animado del grupo, Pastor Bermúdez, se encargó de entrar en relaciones y presentarnos luego.

Al rato no más, volvía, diciéndonos satisfecho:

—¡Es una mina, hermanos, una mina! Ya le encontré el débil. Es oriental, revolucionario, y, hablándole de tiros, va a marchar como angelito.

Nos presentó esa misma noche, en el bar, y todos comenzamos a hablar de guerra y tiros, sablazos, patadas, con exageración, contando mentiras para oír otras.

—¿Así que usted, capitán —le decía Pastor—, ha peleado mucho?

—Bastante —movía los hombros como coqueteando.

—Ha de saber lo que son balas —guiñándonos los ojos—; ¿hasta por el olor las conocerá?

—¡Por el olor, no; pero por el chiflido, pueda!

—Y ¿qué diferencia hay entre unas y otras?

—Pero muy grande, mi amigo, muy grande: las de remington silban gordete; así: chchch... —nos mordíamos los labios—; mientras que las de carabina son más altitas, así: sssssss...

—Pero vea —decía Pastor con gravedad—: así que las de remington hacen... ¿cómo?

—Chchchch...

—¡Curioso! ¿Y las de carabina?

Nosotros debíamos estar violetas a fuerza de contenernos.

—Las de carabina, sssssss...

—¿Y las de cañón?

El capitán nos miró, riendo de buena gana.

—Pa eso no me alcanza la voz.

Aprovechamos la coyuntura para aflojar la risa que nos retozaba en el vientre. Nos reíamos, pero desmesuradamente, largando todo el embuchao, queriendo sujetar y volviendo, como a una enfermedad, a nuestras carcajadas inconcluíbles.

El capitán Funes tuvo un pequeño encogimiento de cejas, imperceptible.

—Así que no podría, capitán... claro está...; pero cuando hace como la de carabina... vea, es igualito..., me parece estarlas oyendo..., formal... Y dígame, capitán, las de revólver, ¿cómo hacen?

—¡Así, mi amigo! —y antes que pensáramos siquiera, dos balazos llenaron de humo el aposento. Hubo un ruido de sillas y mesas volteadas. Recuerdo un tumulto de empujones dados y recibidos, una multitud de gente caía por todas partes, mientras, en pelotón confuso, rodábamos hacia cubierta. Pastor y Funes luchaban a brazo partido, y este último, más débil, corría el riesgo de ser echado al mar, por sobre la borda, cosa que Pastor trataba de lograr con todas sus fuerzas.

Los separamos, al fin. Queríamos ver la herida de nuestro amigo, cuya sangre nos manchaba.

El capitán Funes, retenido por dos marineros, gritaba:

—No lo he querido matar de lástima; pero ya sabe ese mocito que si no sé cómo silban las balas de revólver, sé manejarlas.

—¿Y en qué quedó Pastor? —preguntamos.

—Pastor ha quedado señalado con una muesca en cada oreja, y lo peor es que cada vez menos puedo resistir la tentación de preguntarle cómo silbaban las balas que lo hirieron.

—No te aconsejo —dijo alguien.

—Yo tampoco —concluyó Gonzalo—, pero temo que la tentación me venza.

VENGANZA

De esto hará unos ochenta años, en el campamento del coronel Baigorria que comandaba una sección cristiana entre los indios ranqueles, entonces capitaneados por Painé Guor.

El capitán Zamora —diremos no da___ el verdadero nombre—, poseía una quer___ rescatada al tolderío con sus mejores p___das de plata.

Misia Blanca era un bocado que despertaba codicias con su hermosura rellena, y muchos le arrastraban el ala, con cuidado, vista la fiereza del capitán.

Y era coqueta: daba rienda, engatusaba con posturas y remilgos, para después esquivar el bulto; modo de aguzar los deseos en derredor suyo.

Celoso y desconfiado, Zamora no le perdía pisada, conociendo sus coqueteos que más de una vez le llevaron a azotar a un pobre diablo o a tomarse en palabras con un igual.

Durante dos meses, Blanca pareció responder a sus caricias. Llamábale mi salvador, mi negro guapo, y le estaba, en suma, agradecida por haberla librado de la indiada.

Pero (ya que siempre los hay) al cabo de esos dos meses las demostraciones fueron mermando, el amor de Blanca aflojó y había de ser, como los mancarrones lunancos, para no componerse más.

Zamora buscó fuera la causa, y dió en uno de sus soldados, chinazo fortacho y buen mozo aumentativamente.

Los espió, haciéndose el rengo.

Cuando estuvo seguro, dijo para sus bigotes:

—Mula, desagradecida, mi'as trampiao y vas a pagar la chanchada.

Prendió un nuevo cigarrillo sobre el pucho y saltó en pelos, tomando al galope hacia lo de Sofanor Raynoso, uno de sus soldados.

Llegado al toldo, saludó a una chinita que pisaba maíz y aguardó que se acercara su hombre, que, dejando un azulejo a medio tusar, venía a ponerse a la orden.

—Sofanor, tengo que hablarte.

Se apartaron un trecho.

—¿Y cómo te va yendo?

—¡Regular!

—¿Siempre estah' enfermo?

—Mah' aliviadito, señor; pero no hayo descanso.

—Mirá —dijo con decisión Zamora—, te acordás de Blanca, ¿no?...; ya se te hace agua la boca, ¡perro!...; esperá que concluya. Güeno..., vah'a buscar toditos loh' enamoraos; ai está el mulato Serbiliano, y los dos teros, y Filomeno, lo mesmo que el chueco y Mamerto y Anacleto... Güeno: el rancho va'star solo, ansina que te lo yevás todos, y al que le guste que le prienda; pero con la alvertencia... que vos has de ser el primero.

El capitán Zamora dió vuelta a su caballo, levantó la mano como para saludar y enderezó a los toldos de su hermano Pichuiñ Guor. Allá pasaría tres días platicando pa despenarse en el olvido.

EL ZURDO

Un entrevero violento y fugaz —palabras de odio gritadas entre una carnicería de doscientos hombres que, al través de la noche, se sablean y atropellan, sobrehumanos, bramando coraje.

Combate rudo.

Por quinta vez, el gauchaje sorprendía el campamento realista; y en el aturdimiento de todos, lazo y bola habían hecho su obra.

Uno de los asaltantes, sin embargo, quedó en mano de los españoles. En cortejo de odio fué conducido al juicio de los superiores, y la pena de muerte cayó fatalmente.

La cabeza baja y casi escondida por lacia melena, el condenado oyó el veredicto. Sus ropas despedazadas descubrían el pecho, sesgado por honda herida.

Cuando la soldadesca tuvo segura su venganza, calmáronse los anatemas y maldiciones. Aproximábanse, por turno, para verlo, y también gozar de su estado.

Concluirían los asaltos y el terror supersticioso que supo imponer ese cabecilla peligroso cuyo apodo vibraba en boca del enemigo con entonación de ira. ¿Cuántos no ahorcó su lazo, y despedazó en la huída, mientras se golpeaba la boca en señal de burla?

Adelantóse el verdugo voluntario.

La tropa rodeaba con curiosidad, ansiosa de ver flaquear al que habían temido.

Por primera vez, El Zurdo alzó la cara y tuvo una mirada de pálido desprecio. Quería vejarlos antes de morir, herirlos con una palabra a falta de hierro, y sonrió sarcástico:

—¿Por qué no yaman las mujeres?

La indignación hirvió en la tropa, los dientes rechinaron, hartos de ofensa; el sable temblaba en manos del verdugo. El Zurdo aprovechó el silencio, hablando con orgullo:

—En la sidera de mi recao tengo siento trainta tarjas, y ustedes, por más que me maten, no han de matar más que a uno.

Era el colmo. La tropa, indisciplinada, cayó sobre el preso, que desapareció entre un tumulto de brazos y armas. Cuando el jefe logró despejar su gente, El Zurdo había caído. En su cuerpo sangraban no menos heridas que tarjas reían en su sidera, pero fué un honor del cual no pudo vanagloriarse.

PUCHERO DE SOLDAO

El tren cruzaba una estancia poblada de vacas finas que, familiarizadas con el paso del gran lagarto férreo, pacían tranquilas.

Era un espectáculo harto conocido y conversábamos, indiferentes, de incidencias menores en nuestras vidas camperas.

El viejo don Juan miraba hacía un rato por la ventanilla y veía cosas muy distintas de las que hubiéramos podido ver nosotros.

Recuerdos. ¿Y qué recuerdos podía no tener ese hombre de setenta y cuatro años desde su juvenil participación en la guerra del Paraguay?

De pronto pensó en voz alta:

—Nosotros nos asombramos de la evolución a que hemos asistido en Buenos Aires...; es asombroso, en efecto, lo presenciado en adelantos y perfeccionamientos; pero hay cosas increíbles en el pasado de un hombre viejo, y es como para pensar si uno no las ha visto en otra vida. Así, pues, miro esta estancia y pienso que tal vez sea un sueño lo que nos sucedió a un grupo de hombres en épocas diferentes de éstas, como lo son las cruzadas de los modernos días europeos.

—¿Qué les sucedió? —preguntamos, más por deferencia que interés.

—Figúrense que el Gobierno me había encargado de hacer una mensura poco tiempo después de la campaña del general Roca contra los salvajes. Como el trabajo presentaba peligros, mandé pedir unos soldados a mi amigo, y cuasi pariente, Napoleón Uriburu, que fué —se sabe— uno de los jefes expedicionarios.

Uriburu me envió quince hombres para completar una comitiva apta a medir tierra y defenderse por sus cabales del posible ataque pampa.

Seríamos, pues, veinte entre todos, con numeroso convoy de carretas y animales. Trabajábamos sin descanso, y de noche, para mayor seguridad, hacíamos campamento rodeados por las carretas unidas con lazos.

Un hombre quedaba de centinela; no había cuidado que se durmiera. Los indios se presentaban de improviso, y a nadie sonreía morir sin vender el pellejo.

Aquella noche cayeron en número crecido. No podíamos pelear con ventaja; pero en lugar de la atropellada que esperábamos se contentaron con incendiar el pajonal, y pronto las llamas nos alumbraron como de día.

Había que ver, amigo: temblábamos de miedo como nuestras sombras bailarinas. Íbamos a morir asados si nos quedábamos. ¿Y disparar? ¿A dónde que no nos ensartáramos con las lanzas de los salvajes que nos esperaban para eso?

Era la muerte a fuego o hierro. Podíamos elegir.

De pronto vi la salvación. La laguna donde habíamos dado el día antes de beber a nuestros animales.

Di la voz, y corrimos temerosos de no tener tiempo. El calor picoteaba ya el cuerpo, y a punto nos largamos de cabeza en el agua, luminosa de reflejos.

Le garanto que tengo una rebajita en el Purgatorio. Metidos en el agua hasta el cogote, vimos llegar las llamaradas, que roncaban en una sostenida nota grave; parecía como que la tierra se fuera en borbotones de humo, y la cara se nos asaba materialmente. Entonces empezamos la única maniobra de defensa. Metíamos la cabeza bajo el agua el mayor tiempo posible para evitar la quemadura de las llamaradas que pasaban sobre nosotros, pero teníamos que respirar y así jugamos al zambullón hasta sentir el fuego alejarse.

El agua parecía de puchero. Pensar en salir a tierra era locura. Nos hubiéramos cocido como bifes los pies. Optamos, pues, por quedarnos; y, aplacado el susto, sintiéndonos como resucitar, empezamos a mirarnos. No faltaba ninguno.

Clareaba ya la mañana cuando salimos del agua, colorados como flamencos y tiritando de frío por contraste.

Pero nos reíamos. Nos reíamos los unos de los otros, a pesar de quedar sin recursos en el desierto, porque pensábamos que el fuego encendido para nuestra muerte nos salvaba arriando a los indios lejos de nosotros.

DE MALA BEBIDA

Santos era cochero en una estancia distante dos leguas de la nuestra.

Bajo y grueso, sus cincuenta y seis años de vida bondadosa y tranquila no acusaban más de cuarenta.

Contaba en su existencia con un ...dio que tal vez marcara en ella la única página ......, y le oí contar más de cien veces aquel momento trágico, que narraba a la menor insinuación, siempre con el mismo terror latente.

Servía entonces a don Venancio Gómez, individuo cruel y bruto, que repartía su tiempo entre orgías violentas en Buenos Aires y cortas visitas a su estancia, adonde sólo venía de tiempo en tiempo con objeto de apretar ciertas clavijas para mayor rendimiento.

Fué un día a buscarlo al pueblo.

El telegrama decía: "Llego mañana 11 a. m." ¡Buena hora había elegido para el tiempo de calor que venía manteniéndose desde varios días!

Subió al coche, sin contestar los saludos obsequiosos de Santos, y comenzaron las preguntas acerca de la administración.

A cada cosa desaprobada por don Venancio seguía un rosario de injurias, que su interlocutor trataba de eludir alegando su impotencia de simple peón.

Decididamente, el señor debía estar tomao.

Siguieron el camino, que serpenteaba sumiso como un lazo tirado a descuido.

Tras la volanta, un compacto pelotón de polvo oscilaba.

El patrón dormitaba ahora al vaivén de los barquinazos. No irían por mitad de viaje cuando se incorporó en el interior del coche, ceceando pesadamente.

—Tengo ganas de matar un hombre.

—¡Jesús! —aulló bufonamente Santos, tomando la cosa a broma—. ¡Si no hay más que hacienda por el camino!

—De no encontrar otro —prosiguió don Venancio—, has de ser vos el pavo e la boda.

Lo cual diciendo, sacó del cinto un revólver que descansó sobre las rodillas.

...antos sintió que se le aflojaban las mandíbulas; la luz parec'ale más blanca, menos clara y las formas de los caballos bailaron ante sus ojos como dos bultos indecisos.

Sin embargo, pensaba en salvarse y buscó ansiosamente una forma humana en lo que su vista pudiese alcanzar.

¡Ni rastro!

Esperó que toda la fuerza de su ser creara un hombre; tan fuerte era su deseo. Y fué cumplido.

Una cosa, que primero le pareciera montón de pasto, era un trabajador echado al sol, cansado de andar, y que reposaba un instante su cabeza en la blancura de su linyera.

—¡Allá, patrón..., allacito, un cristiano en la orilla del callejón!

Pronto se detuvieron frente al infeliz, que, humildemente, se acercó obedeciendo a los signos del borracho.

Sombrero en mano, se detuvo, una amplia calva brillando al sol; y cuando se agachaba para hacer una reverencia de respeto, el otro, pausadamente, inclinó su arma hacia aquella pelada de viejo, apenas rodeada de canas. El tiro sonó seco: voló a apagarse al través de la distancia.

—Pa que críes pelo —subrayó el bruto, mirando al cadáver que cayera envuelto sobre sí mismo.

Y el intrépido Santos creyó tener que reírse.

EL REMANSO

—¡Goyo!

—¿Señor?

—Alargame la estribera derecha antes de subir, ¿querés?

En la noche callada, los sonidos eran claros. Hacía frío. El cebruno, inquieto, daba vueltas y revueltas, entorpeciendo al peón en su trabaj.

—A ver, pruebe aura.

El estribo caía justo.

—Bueno, alcanzame la valija y subí.

Salieron al paso. El rodar de las coscojas era única señal de vida en el sueño de todas cosas.

—¿Trais la yave?

—Sí, señor.

—¡Galopemos!

El viento hacía sufrir las manos. Intranquilo, el cebruno parec'a mirar con las orejas, vueltas en giros bruscos a todo bulto turbio de obscuridad.

—¡Mancarrón sonso, le ha dao por loriar!

—Déjelo no más, que ya se asentará después de una legüita.

¡Encantador consuelo!

Lisandro estaba de mal humor. No se acomodaba su somnolencia con andar atento a los caprichos del caballo que cambiaba de galope o se espantaba sin que la obscuridad permitiera prever las causas.

Por otra parte, dejaba tras sí una vida simple: sus días luminosos, sus trabajos alegres en la alegría del peonaje, sus noches de buen sueño en aquella cama dura pero cariñosa.

Noches de ermitaño, bañadas de soledad inmensa.

—¿Tardará mucho en amanecer?

—Aurita no más aclara.

Siguieron callados. La luz nacía impercepti ble. Sólo el lucero vivía en la cúpula lejana y una que otra estrella se apagaba tiritando de frío.

Iban cortando campo.

—Recuéstese más a la derecha, don Lisandro de no, vamos a salir frente a los tembladerales

Pero el otro no hizo caso, objetando que si así lo hicieran darían sobre el remanso de los sauces

Goyo no insistió por el tono malhumorado d las palabras. ¡Porfiarle a él, que conocía el ca mino como sus manos! En fin, ya se desenga ñaría.

Un amontonamiento de niebla, sinuosamente extendida sobre el campo, acusó la presencia del río. Breves minutos de galope y llegaban...; pero llegaban equivocados. El peón había dicho cierto.

Costearon.

Lisandro, enervado por el contratiempo, miraba insistentemente la orilla. Tras breve andar, dió frente, adelantando con decisión.

—¡Si todavía falta mucho!

—No le hace, vamos a cruzar por aquí.

—¡Mire que va a hacer una temeridad!

—¡Qué temeridad, so flojo!

El cebruno resbaló hábilmente en las toscas húmedas; se detuvo.

A tres metros, el río deslizaba su masa densa y viscosa en manchas desiguales.

—¡Dé güelta; se le va a hundir el mancarrón!

En efecto, éste se negaba; pero fué apremiado por dos espuelas que dolorosamente penetraron en sus carnes; tomó envión y, las cuatro patas juntas, cayó en el barro, sumergiéndose hasta el pecho.

—No se hundirá más —pensaba el jinete, ansioso de ganar el agua cercana. Pero en su voluntad de avanzar, el bruto agitó sus patas sin apoyo; perdió otra cuarta en el fango.

—¡El lazo! —gritó Lisandro, y éste, ya listo cayó alrededor de su cintura.

Goyo temió por su resistencia; frescamente injerido, los tientos podían escurrirse.

El gatiadito dejó, hacia adelante, pasar su cuerpo en un esfuerzo que le arrugó las ancas.

El lazo se extendió vibrante como cuerda hora, rompiéndose en silbido quejumbros y, volviendo sobre sí mismo, infirió en la mejilla del paisano un barbijo sanguinolento.

El caballo disparó. Llegó a las casas como un presagio de malaventura.

Cuando los peones dieron con el lugar, el cuerpo de Goyo yacía inerte, vientre arriba.

En un manantial vecino, alguien humedeció un pañuelo que aplicó a la frente del herido. Éste se incorporó, los ojos sin vida, fijos en un punto; y mientras todos esperaban su explicación tendió la derecha hacia el pantano.

No se veía nada.

Hacia la parte central, el barro, más claro, hacía mancha como removido con violencia... Luego, nada...

Y el paisano, siempre en actitud de interrogación, ante el misterio cumplido balbuceó como un niño:

—Allí..., ¡el patroncito!

su deseo. Sentía en el lomo un vacío que le pesaba, y todo su esfuerzo alcanzó a esbozar una mirada hacia su amo, tirado unos pasos más lejos, la cabeza sobre el borde del abrevadero, una herida incolora ceñida en la frente, a flor de hueso.

Una espuela desaparecía enterrada en el suelo, y el negro chiripá, volcado en pliegues desordenados, envolvía el cadáver como un crespón de luto.

Así había muerto don Ambrosio —de viejo quizá—, arrastrando en su caída al caballo impotente, cuyo ojo zarco no reflejaría más, en claro brillo, su alma de esclavo bondadosa.

El hijo miraba todo aquello, sacudido el torso por pequeños estremecimientos nerviosos, como si el llanto hubiera tartamudeado en su garganta.

Y a pesar de los ruegos de su madre, que exigía detalles, Panchito no cantó ese día.

TRENZADOR

Núñez trenzó, como hizo música Bach; pintura, Goya; versos, el Dante.

Su organización de genio le encauzó en senda fija, y vivió con la única preocupación de su arte.

Sufrió la eterna tragedia del grande. Engendró y parió en el dolor según la orden divina. Dejó a sus discípulos, con el ejemplo, mil modos de realizarse, y se fué atesorando un secreto que sus más instruídos profetas no han sabido aclarar.

Fueron para el comienzo los botones tiocos del viejo Nicasio, que escupía los tientos hasta hacerlos escurridizos. Luego, otras: las enseñanzas de saber más complejo.

Núñez miraba, sin una pregunta, asimilando con facilidad voraz los diferentes modos, mientras la Babel del innovador trepaba sobre sí misma, independientemente de lo enseñable.

Una vez adquirida la técnica necesaria, quiso hacer materia de su sueño. Para eso se encerró en los momentos ociosos y en el secreto del cuarto; mientras los otros sesteaban, comenzó un trabajo complicado de trenzas y botones que vencía con simplicidad.

Era un bozal a su manera, dificultoso en su diafanidad de ñandutí. A los motivos habituales de decoración uniría inspiraciones personales de árboles y animales varios.

Iba despacio, debido al tiempo que requería la preparación de los tientos, finos como cerda; a la escasez de los ratos libres; a las puyas de los compañeros, que trataba de eludir como espuela enconosa, llevadera a malos desenlaces.

¿Qué haría Núñez tan a menudo encerrado en su cuarto?

Esa curiosidad del peonaje llegó al patrón que quiso saber.

Entró de sorpresa, encontrando a Núñez tan absorbido en un entrevero de lonjas, que pudo retirarse sin ser sentido.

Al concluir la siesta, mandóle llamar, encargándole irónicamente compusiera unas riendas en las cuales tenía que echar cuatro botones sobre el modelo inimitable de un trenzador muerto.

Al día siguiente estaba la orden cumplida. La obra antigua parecía de aprendiz.

Fué un advenimiento.

Así como un pedazo de grasa se extiende sobre la sartén caldeada, corrió la fama de Núñez.

Los encargos se amontonaron. El hombre tuvo que dejar su trabajo para atender pedidos. Todos sus días, a partir de entonces, fueron atosigados de trabajo, no teniendo un momento para mirar hacia atrás y arrepentirse o alegrarse del cambio impuesto.

Meses más tarde, para responder a las exigencias de su clientela, mudóse al pueblo donde mantuvo una casa suficiente a sus necesidades de obrero.

Perfeccionábase, malgrado lo cual una sombra de tristeza parecía empañar su gloria.

Nunca fué nadie más admirado.

Decíanlo capaz de trenzarse un poncho tan fino, tan flexible y sobado como la más preciada vicuña. Remataba botones con perfección que hacía temer brujería; injería costuras invisibles. Le nombraban como rebenquero.

La maceta de sobar era parte de su puño; el cuchillo, prolongación de sus dedos hábiles. Entre el filo y el pulgar salían los tientos, que se enrulaban al separarse de la lonja.

Aleznas de diferentes tamaños y formas asentaban sus cabos en el hueco de la mano, como en nicho habitual.

Humedecía los tientos, haciéndolos patinar entre sus labios; después corríalos contra el lom del cuchillo hasta dejarlos dúctiles e inquebra

Corre también que poseyó una curios gua tobiana. Cada año le daba un potri scuro y otro palomo. Núñez los degollaba a los tres meses para lonjearlos, combinando luego, blancos y negros, en sabias e inconcluíbles variaciones, nunca repetidas.

Durante cuarenta años puso el suficiente talento para cumplir lo acordado con el cliente.

Hizo plata, mucha plata; lo mimaron los chos del partido, pero hubo siempre una cerrazón en su mirada.

Viejo ya, la vista le flaqueaba a ratos, y no alcanzó a trabajar más de cuatro horas al día. Cuando insistía sobre el cansancio, las trenzas salían desparejas.

Entonces fué cuando Núñez dejó el oficio.

El pobre casi decrépito, pudo al fin disponer libremente de su vida.

No quería para nada tocar una lonja y evitaba las conversaciones sobre su oficio, hasta que, de pronto, pareció recaer en niñez.

Le tomó ese mal un día que, por acomodar

un ropero, dió con el bozal que empezara en sus mocedades. El viejo, desde ese momento, perdió la cabeza; abrazó las guascas enmohecidas y, olvidando su promesa de no trenzar más, recomenzó la obra abandonada cincuenta años antes, sin dejarla un minuto, en detrimento de sus ojos gastados y de su cuerpo, cuya postura encorvada le acalambraba.

Cada vez más doblado, en la atención fatal de aquel trabajo, murió don Crisanto Núñez.

Cuando lo encontraron duro y amontonado sobre sí mismo, como peludo, fué imposible arrancarle el bozal que atenazaba contra el pecho con garras de hueso. Con él tuvieron que acostarlo en el lecho de muerte.

Los amigos, la familia, los admiradores, cayeron al velorio y se comentó aquella actitud desesperada con que oprimía el trabajo incompluso.

Alguien, asegurando. que era su mejor obra, propuso cortarle al viejo los dedos para no enterrarle con aquella maravilla.

Todos le miraron con enojo: "Cortar los dedos a Núñez, los divinos dedos de Núñez".

Un recuerdo curioso e indescifrable queda del gesto de zozobra con que el viejo oprimía lo que fué su primera y última obra. ¿Era por no dejar algo que consideraba malo?

¿Era por cariño?

¿O simplemente por un pudor de artista, que entierra con él la más personal de sus creaciones?

AL RESCOLDO

Hartas de silencio, morían las brasas atercio-
pelándose de ceniza. El candil tiraba su llama lo-
ca ennegreciendo el muro. Y la última llama del
fogón lengüeteaba en torno a la pava sumida en
morrongueo soñoliento.

Semejantes, mis noches se seguían; y me d
jaba andar a esa pereza general, pensando o
pensando, mientras vagamente oía el silbido
co de la pava, la sedosidad de algún bordone   el
murmullo vago de voces pensativas que me   ru-
llaban como un arrorró.

En la mesa, una eterna partida de tute dió su
fin. Todos volvían, preparándose a tomar los últimos cimarrones del día y atardarse en una conversación lenta.

Silverio, un hombrón de diecinueve años, acercó un banco al mío. Familiarmente dejó caer su
puño sobre mi muslo.

—¡Chupe y no se duerma!

Tomé el mate que otro me ofrecía, sin que lo
hubiera visto, distraído.

Silverio reía con su risa franca. Una explosión
de dientes blancos en el semblante virilmente tos-
tado de aire.

Dirigió sus pullas a otro.

—Don Segundo, se le van a pegar los dedos;
venga a contar un cuento...; atraque un banco.

El enorme moreno se empacaba en un bordoneo

demasiado difícil para sus manos callosas. Su pequeño sombrero, requintado, le hacía parecer más grande.

Dejó en un rincón el instrumento, plagado de golpes y uñazos, con sus cuerdas anudadas como miembros viejos.

—Arrímese —dijo uno, dándole lugar—, que aquí no hay duendes.

Hacía alusión a las supersticiones del viejo paisano; supersticiones conocidas de todos y que completaban su silueta característica.

—De duendes —dijo— les voy a contar un cuento —y recogió el chiripá sobre las rodillas para que no rozara el suelo.

Un cuento es para alguien pretexto de hermosas frases; estudio, para otros; para aquéllos, un medio de conciliar el sueño.

Pero manjar exquisito para el criollo, por su rareza, hace que éste viva al par del héroe de la historia y tenga gestos, hasta palabras de protesta, en los momentos álgidos. Sus emociones son tan reales, que si le dijera "¡Ésos son los traidores! ¡Ésa es el ánima malhechora!", muchos de entre ellos tendrían placer en dar una manito al hombre cuya alma ha repercutido en las suyas por un gesto noble, una palabra altanera o una actitud de coraje en momentos aciagos.

Dejaron que el hombre meditara, pues es exordio necesario a toda buena relación, y de antemano se prepararon a saborear emociones, evocando lo que cada cual había tenido que ver en esos fenómenos cuya causa ignoran y que atribuyen al sobrenatural (gracias a Dios).

El que menos pasó su momento de terror en la vida. Uno se topó con la viuda; otro, con una luz mala que trepara en ancas del caballo; a aquél le había salido el chancho, y este otro se perdió en un cementerio poblado de quejidos.

—Est'era un inglés —comenzó el relator—, moso grande y juerte, metido ya en más de una peyejería, y que había criao fama de hombre aveso pa salir de un apuro.

Iba, en esa ocasión, a comprar una noviyada gorda y mestisona, de una viuda ricacha, y no paraba en descontar los ojos de güey que pod agensiarse en el negosio.

Era noche serrada, y el hombre cabilaba bre los ardiles que emplearía con la viuda pa engordar un capitalito que había amont ao omprando hasienda pa los corrales.

Faltarían dos leguas para yegar, cuand uno e los mancarrones de la volanta dentró a ilar esparejo; y jué opinión del cochero dar más ien un resueyo y seguir pegándole al a siuiente con la fresca. Pero el inglés, ap o por sus patacones, no se quería conforma con el atraso, y fayó por dirse a pie más bien que abandonar la partida.

Así jué, y el cochero le señaló dos caminos: uno yendo derecho pal Sur, hasta una pulpería de donde no tendría más que seguir el cayejón hasta la estancia; y otro más corto, tomando derecho a un monte, que podía devisarse de donde estaban y, en crusándolo, enderesar a un ombú, que ésa era la estansia e la viuda. Pero el camino era peligroso, y muchas cosas se contaban de los que se habían quedao por querer crusarlo. Era el quintón de Álvarez, nombrao en todo el partido, y que el inglés conosía de mentas.

Se desía que hab'a una ánima, pero el cochero le relató la verdad.

Era que el hijo de la viuda desaparesió un día sin dejar más rastro que un papelito, en que pedía que no olvidaran su alma, condenada a vagar por el mundo, y que le pusieran todos los días una tira de asao y dos pesos en un escampao que había en el quintón.

Dende ese día se cumplió con la voluntad del finao, y a la madrugada siguiente aparesía el plato vasío. Los dos pesos se los habían llevao, y en la tierra, escrito con los dedos, des'a "grasias"; y esto a naides sorprendía, porque el finao jué hombre cumplido, y aunque no supiera escrebir, otra cosa jué su alma.

Dende entonses no hay cristiano que se atreva a crusar de noche, y los más corajudos han güelto a mitad de camino y cuentan cosas estrañas.

La viejecita llevaba de día la comida y los dos pesos, y no le hab'a susedido nada, de no oír la voz del alma en pena de su hijo, que le agradesía.

Con esto concluyó su relato el cochero, le desió güenas noches al inglés y agarró camino pal poblao, mientras el otro enderesaba al monte, pues era hombre de agayas y no creiba en aparisiones.

Yegó y, sin titubiar, rumbió pal medio, buscando el abra en que debía estar la comida.

Cualquiera se hubiera acoquinao en aquella escuridad, pero al inglés le buyía la curiosidá y el alma le retosaba de coraje.

Así jué, pues, que yegó al punto señalao y vido el plato con la comida y los dos pesos, que no era hora toav'a de salir las ánimas y estaban como la mano e la viuda los había dejao.

Se agasapó entre el yuyal, peló un trabuco y aguaitó lo que viniera.

Ya lo estaba sopapiando el sueño, cuando un baruyo de ojarasca le hiso parar la oreja. Vichó

pa todos laos, y no tardó en vislumbrar un gaucho araposo.

Este tersiaba en el braso un poncho blanco
que de largo arrastraba po'l suelo; las botas, de
potro, no le alcansaban más que hasta me io
pie, y traiba un chiripasito corto con más je-
ros que disgustos tiene un pobre.

Ay no más se sentó juntito al plato, pe una
daga como de una brasada de largor y ó co-
mienso a tragar a lo hambriento.

En eso, y Dios parese que sirviera s miras
del inglés, se alsó un remolino que ar con los
dos pesos. El malevo largó el cuchi y dentró
a perseguirlos, como un abriboca, c cdo sintió,
pa mal de sus pecaos, que el inglés había aco-
gotao y quería darle fin de un tra aso. Entonces rogó por su vida, alegando él, aunque
se había disgrasiao, no era un ido y que le
contaría cómo se había hecho ma.

Ay verán.

Hasía ya más de veinte años, en sus mosedades, este paisano había jurao cortarle la cresta
al gayo, que le arrastraba el ala a su china; pero
ese hombre era el finao Jasinto, entonses moso
pudiente en el partido, y le encaiaron una ma-
rimba e palos, acusándolo de pendensiero.

Dende entonses hiso la promesa de no tener
pas hasta vengarse del hombre que lo había
agrabiao robándole la prenda. Y una noche quiso
el destino que lo hayase solo, y lo mató; pero
peliando en güena lay.

Dispués había enterrao al muerto y, peligran-
do que lo vieran, había gatiao, de noche, hasta
las casas de la viuda, donde le dejó un papelito
que le debía asigurar la comida y una platita
pa poder con el tiempo salir de apuros.

Esa era su historia; y los sustos que daba a

la gente, envolviéndose en su poncho blanco, era de miedo que lo encontraran un día y lo reconosieran.

Golbió a pedir por su vida, que bastante castigo tenía con su disgrasia.

El inglés, poco amigo de alcagüeterías, prometió cayarse y dejarlo al infelís yorando su amargura.

Esto pasó hase muchos años, y disen que al inglés, como premio a su güena alma, nunca le salió más redondo un negosio.

Don Segundo hizo una pausa; su cara bronceada parecía impresionada por sus palabras, y golpeaba con una ramita robada al fuego la maternal fecundidad de la olla.

El auditorio esperaba en calma la conclusión de la historia.

—Güeno, es el caso que muchos años dispués tuvo ocasión el inglés, que era viajadoraso, de golver por el pago.

Paró en casa e la viuda, y no podía dejar de pensar en lo que le había susedido por sus mosedades.

En la mesa, aunque juera asunto delicao, preguntó a la patrona por el ánima de su hijo. La viejita se largó a yorar, disiendo que ya nunca oiba la voz de su hijo querido y que ya no escribía "grasias" como antes en el suelo.

Dejuro en algo lo había ofendido, que eya no sabía tratar con espíritus; y, pa colmo, ni los dos pesos se alsaba, aunque siempre comía lo que eya le yevaba. Muchas veses había yorao suplicándole al alma le contestara, pero nunca hayó respuesta a sus lamentos.

Al inglés le picó la curiosidá y, aunque estaba medio bichoco por los años pa meterse en malos pasos, se le remosaba el alma con el recuerdo y se aprestó pa la noche misma. Dijo a la vieja que tendería el recao bajo el alero, que la noche iba a ser caliente; y cuando todos se habían dormido, enderesó al Quintón con un paso menos asentao que años antes y cabiloso sobre el cambio que había dao el malevo en sus costumbres.

Ni bien yegó al parque, un ventarrón se alsó y creyó el hombre en mal aviso. Se abrió paso como pudo entre las malesas y yegó trompesando al abra dispués de muchas güeltas. Ven'a sudando; el aliento se le añudaba en el garguero y se sentó a descansar, esperando que se le pasara el sofocón y preguntándose si no sería miedo. Malo es pa un varón hacerse esa pregunta, y el hombre ya comensó a sobresaltars con los ruidos de aqueya soledá.

La tormenta suele alsar ruidos extraños en arboleda. A veses el viento es como un ya de mujer, una rama rota gime como un c tiano, y hasta a mí me ha susedido qued me atento al ruido de un cascarón de uncalit que golpeaba el tronco, creyendo juera el alma de condenao a hachar leña sin descanso. Al día siguiente, como susede en esos castigos de Dios, el ánima encuentra desecho su trabajo y tiene que seguir hachando y hachando con la esperansa que un día el filo de su hacha ruempa el encanto.

En esos momentos he sentido achicarsemé el alma, pensando en lo que a cada uno le puede guardar la suerte, y me hago cargo lo qué sería del inglés, ya viejón, con más de un pecao ensima, figurándose que esa ser'a la'ora de su castigo.

Pero él no creíba en ánimas, de suerte que crió coraje y se arrimó al lugar en que debía estar el plato. Lo hayó como antes, y como antes también se agasapó pa esperar.

Ya harían muchas horas que estaba ayí, y le paresió una eternidá. No podía ver la hora por la escuridá y quiso levantarse; pero sintió como una mano que le pasaba por la carretiya y se agachó más bajito, pues ya le estaba entrando frío, y si no ganaba las casas era porque tenía miedo.

Tendió la oreja y sintió que, en frente, algo caminaba entre las hojas secas. Había parao el viento y podía oír clarito los pasos de un cristiano que gateaba.

Aguantó el resueyo y miró pal lao que venía el ruido. Como a una cuarta del suelo, vido relumbrar dos ojos que lo miraban. Sintió que el corasón le daba un vuelco y apretó el cuchillo que había desembainao, jurando que, si era broma, bien cara la había de pagar quien le hasía pasar tamaño susto. Pero golvió a mirar, y más cerca otros dos ojitos briyaron; sintió un tropel a su espalda, le paresió que alguien se raiba, y ya, mitad de rabia y miedo, saltó al esplayao.

—Venga —gritó— el que sea, que yo le he de en..., pero, ay no más, un bulto le pegó en las piernas; el hombre trabocó unos pasos y se jué de largo, cayendo con el hosico entre el plato de latón vasío. Más sombras le pasaron por ensima; alguno le gritó una cosa al oído, yevándosele media oreja; sintió como patas peludas de diablo que le pisoteaban la cara y se la rajuñaban.

Hiso juerza y disparó pal monte. No quería saber nada, y corría este cristiano por entre los árboles, dándose contra los troncos, pisando en falso, enredándose en las bisnagas, chusiándose en los cardos, y gritaba como ternero perdido rogando al Señor lo sacara de ese infierno.

Don Segundo se rió.

—Ave María, susto grande se yevó este hombre.

—Vea: el duro —gritó otro— se hizo manteca. Y cómo jué que había tanto bulto, si parese maldisión —rió Silverio.

—Jué —siguió don Segundo— que la tal ánima había juntao unos pesos y juyó del pago a vivir como Dios manda. Como la viuda seguía poniendo la comida, la olfatió un zorro, y dende entonces vienen en manada. El que quiera sacárselas tiene que ir alvertido y no pisar en hoy

Todos festejaron el cuento. Decididamente n Segundo los había "fumao" para que no   embromaran; pero el cuento valía uno ser

Hubo un movimiento general. A l   ue estaban cebando se les había enfriado la yerba; otros se fueron a dormir, mientras los menos cansados volvían hacia la mesa, donde la baraja, manoseada y vieja, esperaba el apretón cariñoso de las manos fuertes.

EL POZO

Sobre el brocal desdentado del viejo pozo, una cruz de palo roída por la carcoma miraba en el fondo su imagen simple.

Todo una historia trágica.

Hacía mucho tiempo, cuando fué recién herida la tierra y pura el agua como sangre cristalina, un caminante sudoroso se sentó en el borde de piedra para descansar su cuerpo y refrescar la frente con el aliento que subía del tranquilo redondel.

Allí le sorprendieron el cansancio, la noche y el sueño; su espalda resbaló al apoyo y el hombre se hundió, golpeando blandamente en las paredes hasta romper la quietud del disco puro.

Ni tiempo para dar un grito o retenerse en las salientes, que le rechazaban brutalmente después del choque. Había rodado llevando consigo algunos pelmazos de tierra pegajosa.

Aturdido por el golpe, se debatió sin rumbo en el estrecho cilindro líquido hasta encontrar la superficie. Sus dedos espasmódicos, en el ansia agónica de sostenerse, horadaron el barro rojizo. Luego quedó exánime, sólo emergida la cabeza, todo el esfuerzo de su ser concentrado en recuperar el ritmo perdido de su respiración.

Con su mano libre tanteó el cuerpo, en que el dolor nacía con la vida.

Miró hacia arriba: el mismo redondel de antes, más lejano, sin embargo, y en cuyo centro la noche hacía nacer una estrella tímidamente.

Los ojos se hipnotizaron en la contemplación del astro pequeño, que dejaba, hasta el fondo, caer su punto de luz.

Unas voces pasaron no lejos, desfiguradas, tenues; un frío le mordió del agua y gritó un grito que, a fuerza de terror, se le quedó en la boca.

Hizo un movimiento y el líquido onduló en torno, denso como mercurio. Un pavor místico contrajo sus músculos, e impelido por esa nueva y angustiosa fuerza, comenzó el ascenso, arrastrándose a lo largo del estrecho tubo húmedo; unos dolores punzantes abriéndole las carnes, mirando el fin siempre lejano como en las pesadillas.

Más de una vez, la tierra insegura cedió a su peso, crepitando abajo en lluvia fina; entonces suspendía su acción tendido de terror, vacío el pecho, y esperaba inmóvil la vuelta de sus fuerzas.

Sin embargo, un mundo insospechado de energías nacía a cada paso; y como por impulso adquirido maquinalmente, mientras se sucedían las impresiones de esperanza y desaliento, llegó al brocal, exhausto, incapaz de saborear el fin de sus martirios.

Allí quedaba, medio cuerpo de fuera, anulada la voluntad por el cansancio, viendo delante suyo la forma de un Aguaribay como cosa irreal...

Alguien pasó ante su vista, algún paisano del lugar seguramente, y el moribundo alcanzó a esbozar un llamado. Pero el movimiento de auxilio que esperaba fué hostil. El gaucho, luego de santiguarse, resbalaba del cinto su facón, cuya empuñadura, en cruz, tendió hacia el maldito.

El infeliz comprendió: hizo el último y sobrehumano esfuerzo para hablar; pero una enorme piedra vino a golpearle la frente, y aquella visión de infierno desapareció como sorbida por la tierra.

Ahora todo el pago conoce el pozo maldito, y sobre su brocal, desdentado por los años de abandono, una cruz de madera semipodrida defiende a los cristianos contra las apariciones del malo.

NOCTURNO

La amenaza hab'a quedado en Roberto como un presagio de desgracia.

—Sí, humílleme; pero algún día, si Dios quiere, nos hemos de encontrar cara a cara.

Bah, no era el primer caso... fanfarronadas de paisano.

Roberto era hombre de afrontar un ͏ ͏ ͏ ͏ ͏ ͏ ͏o. y no hizo caso del consejo: "Mire, patroncito, es mal bicho".

Volvía del pueblo: dos leguas cortas.

La noche era obscura, agujereada de mil estrellas.

El caballo galopaba libremente, depositada la confianza del jinete en instinto seguro.

A treinta cuadras de las casas los cardos dejan un estrecho espacio; es el mes de noviembre y se alzan, rígidos, mirando al cielo con sus flores torturadas de espinas.

Algo se movió en el camino.

Abrióse el cardal y un bulto ágil saltó hacia el caballo, que, desesperadamente, trató de esquivarse con estrépito de cardos pisoteados.

Se debatió queriendo desasirse de la mano que, hacia atrás, le empujaba venciendo sus garrones; pero perdió apoyo en una zanja, arrastrando en su caída al jinete, que quedó aprisionado: una pierna apretada por su peso.

Palabras de injuria vibraron en el tropel producido por la lucha.

Roberto tiró al bulto, que retrocedió con una imprecación.

Había tocado: tenía ahora que ganar tiempo, salir de la posición en que se hallaba.

El caballo, libre un momento, se levantó, proyectando su jinete a distancia. Este quiso recobrar el equilibrio, pero fué tarde.

El bulto, que no había hecho sino retroceder, volvía a la carga con mayor impulso.

Recibió el golpe en pleno vientre.

Se supo muerto; un gesto de dolor le dobló como gusano partido por la pala, largó el revólver, asiendo de ambas manos la que le hundiera el hierro hasta la guarda y la retuvo para evitar un segundo encontronazo, ya aterrorizado, la cabeza vaga, sintiendo la muerte en el vientre.

Un chorro de sangre los bañaba, uniéndolos en su viscosidad roja.

Hubo el ruido de dos respiraciones, entremezcladas en esfuerzo de angustiosa lucha.

El hierro ahondó la herida con el movimiento, despedazó la carne, abrió un boquete como cloaca que bañó de inmundo vómito cuatro manos crispadas sobre la misma empuñadura.

Y el cuerpo de Roberto tambaleó vacío de vida, cayó con un son fláccido, los ojos inmensos de terror, la boca abierta en aullido prolongado como un canto.

No humano, el vengador miró esos ojos sin vida y gruñó con voz que era estertor:

—Te la había jurao.

Y fué la dureza del hierro que choca entre los dientes, con ruido repetido y mate, la última convulsión desesperada hacia la vida, una explosión sorda y el sonido blando de una cabeza que cae sobre la tierra.

La sombra corrió hacia el cardal, luego volvió adherida a otra más grande.

El cadáver yacía, inerte, en actitud de descanso.

Sobre su vientre, el enorme desgarro de ropa y carne, mientras una mancha negruzca hacía, en torno a su cabeza, como una aureola de martirio.

Tembloroso, el caballo del matador olfateaba la tragedia; pero fué tranquilizado por las palabras sarcásticas:

—No se asuste, amigo, que ése ya no ofiende a naides.

Y el silencio, por breve tiempo roto, impuso su eternidad.

Un rebencazo sonó seco, y el matador, en brusca carrera, fué desapareciendo como diluído en la obscuridad.

Al poco quedaba un movimiento de sombra en la sombra; pronto, nada.

Y del golpe sobre el camino endurecido, un eco llegó sonoro.

LA DEUDA MUTUA

Don Regino Palacios y su mujer habían adoptado a los dos muchachos como cumpliendo una obligación impuesta por el destino. Al fin y al cabo no tenían hijos y podrían criar esa yunta de cachorros, pues abundaba carne y hubiesen considerado un crimen abandonarlos en manos de aquel padre borracho y pendenciero.

—Déjelos, no más, y Dios lo ayude —contestaron simplemente.

Sobre la vida tranquila del rancho pasaron los años. Los muchachos crecieron, y don Regino quedó viudo sin acostumbrarse a la soledad.

Los cuartos estaban más arreglados que nunca; el dinero sobraba casi para la manutención y sólo faltaba una presencia femenina entre los tres hombres.

El viejo volvió a casarse. En la intimidad estrecha de aquella vida pronto se normalizó la primera extrañeza de un recomienzo de cosas, y la presente reemplazó a la muerta con miras e ideas símiles.

Juan, el mayor, era un hombre de carácter decidido, aunque callado en las conversaciones fogoneras. Marcos, más bullanguero y alegre, cariñoso con sus bienhechores.

Y un día fué el asombro de una tragedia repentina. Juan se había ido con la mujer del viejo.

Don Regino tembló de ira ante la baja traición y pronunció palabras duras delante del hermano, que, vergonzoso, trataba de amenguarla con pruebas de cariño y gratitud.

Entonces comenzó el extraño vínculo que había de unir a los dos hombres en común desgracia. Se adivinaron, y no se separaban para ningún quehacer; principalmente cuando se trataba de arreos a los corrales, andanzas penosas para el viejo. Marcos siempre hallaba modo de acompañarle, aunque no le hubiesen tratado para el viaje.

Juan hizo vida vagabunda y se conchabó por temporadas donde quisieran tomarlo, mientras la mujer se encanallaba en el pueblo.

Finalmente, se encontraron en los corrales. El prurito de no retroceder ante el momento decisivo los llevó al desenlace sangriento.

El viejo había dicho:

—No he de buscarlo, pero que no se me atraviese en el camino.

Juan conocía el dicho, y no quiso eludir el cumplimiento de la amenaza.

Las dagas chispearon odio en encuentros furtivos buscando el claro para hendir la carne, los ponchos estopaban los golpes y ambos paisanos reían la risa de muerte.

Juan quedó tendido. El viejo no trató de escapar a la justicia, y Marcos juró sobre el cadáver la venganza.

Seis años de presidio. Seis años de tristeza sorbida, día a día, como un mate de dolor.

Marcos se hizo sombrío, y cuanto más se acortaba el plazo, menos pensaba en la venganza jurada sobre el muerto.

—Pobre viejo, arrinconado por la desgracia.

Don Regino cumplió la condena. Recordaba el juramento de Marcos.

Volvió a sus pagos, encontró quehacer, y los domingos, cuando todos re'an, contrajo la costumbre de aturdirse con bebidas.

En la pulpería fué donde vió a Marcos y esperó el ataque, dispuesto a simular defensa hasta caer apuñalado.

El muchacho estaba flaco; con la misma sonrisa infantil que el viejo había querido, se aproximó, quitándose el chambergo respetuosamente:

—¿Cómo le va, don Regino?

—¿Cómo te va, Marcos?

Y ambos quedaron con las manos apretadas, la cabeza floja, dejando en torno a sus rostros llorar la melena. Lo único que podía llorar en ellos.

Yo he conocido a esa pareja unida por el engaño y la sangre más que dos enamorados fieles.

Y los domingos, cuando la semana ríe, vuelven al atardecer, ebrio el viejo, esclavo el muchacho de aquel dolor incurable, bajas las frentes, como si fueran buscando en las huellas del camino la traición y la muerte que los acallara para siempre.

COMPASIÓN

Lleno de la reciente conversación, me adormecía en visiones interiores mientras volvía a casa por camino conocido a mis piernas.

Casas nuevas y chatas, calle de empedrado tumultuoso por la tortura diaria de enormes carros, veredas angostas plagadas de traspiés, nada me distraía, cuando el rumor de una voz queiumbrosa llegó a mí, al través de la noche, pálidamente aclarada por un pedazo de luna muriente.

Eso me insinuó que el camino era peligroso. En la esquina aquel almacén, equívocamente iluminado por la luz rojiza de varios picos de gas silbones era conocido como un punto de reunión de borrachos y truqueros tramposos.

Algún fin de partida debía ser lo que me llegaba de enfrente en forma de discusión. Saqué del cinto el revólver, que escondí, sin soltarlo, en el vasto bolsillo de mi sobretodo y crucé a enterarme del origen de aquella pelea.

Cautelosamente me aproximé. La disputa había ya pasado "a vías de hecho", pues el más grande de los dos asestaba sin miramientos fuertes golpes sobre el contrincante, que me pareció ser jorobado.

Toda mi sangre de Quijote hirvió en un solo impulso, y, los dedos incrustados en el cabo de mi arma, juré intervenir con rigor.

El bruto era de enorme talla. Cuando se sintió asido del brazo suspendió el balanceo de su pierna, que, con indiferencia de péndulo, viajaba entre el punto de partida y el posterior de su víctima.

Me miró con ira, pero su expresión cambió instantáneamente hacia el respeto. También yo le había reconocido, lo cual no amenguó mi justo enojo.

—¿No tiene vergüenza de estropear así a un infeliz que no puede defenderse?

—¡Si usted supiera, niño, qué bicho es ése! —y lo miraba con un renuevo de rencor.

—Cualquiera que sea, a un hombre así no se le pega.

Dócilmente, se dejó llevar del brazo hasta el almacén, donde entró bajo pretexto de un encuentro con "elementos nuevos".

Yo seguí mi ruta hacia casa. Crucé la gran avenida y volví a sumirme en un zig zag de pequeñas calles obscuras.

Guardé mi arma, inútil ya, y mientras mis nervios reentraban en calma pensé en el dador de la paliza. Cañita, un muchacho bebedor e impetuoso que mi padre utilizaba en los momentos peliagudos de una elección. Valeroso hasta la inconsciencia; bruto, obediente a nuestras órdenes y que sólo nosotros podíamos tratar a antojo sin protestas de su parte.

Rememoraba un hecho no lejano. En unas elecciones de pueblo suburbano nos servía para secuestrar un presidente de mesa que estorbaba. Recordé el día de agitación política, las calles rectas y terrosas, el atrio de la iglesia colonial. Los detalles se precisaban en mi memoria e iba saboreando la audacia maliciosa de nuestro Cañita, cuando un palo asestado de atrás sobre mi cabeza hizo caer a pique en el aturdimiento mis remembranzas.

—Yo te voy a dar infeliz... —y los palos llovieron, y la voz seguía—: Vas a ver si no sé defenderme, y después te vas a meter a proteger gente que no te pide ayuda y hacerte el valiente diciendo que a los desgraciados no se les pega..

Los palos aumentaban, y también los insultos... Y de cuánto duró aquello y cómo concluyó conservo memoria muy vaga.

LA DONNA È MOBILE

PRIMERA PARTE

Era domingo, y lindo día; despejado, por añadidura. Deseos de divertirse y buena carne en vista.

>   Con su flete,
>   Muy paquete
>   Y emprendao,
>   Iba Armando
>   Galopiando
>   Pal poblao.

Por otra parte,

>   En el rancho
>   De ño Pancho,
>   Lo esperaba
>   La puestera
>   (Más culera
>   Que una taba).

¡Ah!, Moreno, negro y alegre a lo tordo.

SEGUNDA PARTE

Buena gaucha la puestera, y conocida en el campo como servicial y capaz de sacar a un criollo de apuros. De esos apuros que saben tener sumido al cristiano macho (llámesele mal de amor o de ausencia). Y no era fea, no; pero suculenta cuando, sentada sobre los pequeños bancos de la cocina, sus nalgas rebalsaban invitadoras.

"Moza con cuerpo de güey, muy blanda de corazón", diría Fierro.

Lo cierto es que el moreno iba a pasto seguro, y no contaba con la caritativa costumbre de su china, servicial al criollo en mal de amor.

Cuando Armando llegó al rancho, interrumpió un nuevo idilio. El gaucho, mejor mozo por cierto que el negro, tuvo a los ruegos de la patrona que esconderse en la pieza vecina antes de probar del alfeñique; y misia Anunciación quedó chupándose los dedos, como muchacho que ha metido la mano en un tarro de dulce.

¡Negro pajuate!

TERCERA PARTE

—Güenas tardes.
—Güenas.

No estaba el horno como pa pasteles, y Armando, poco elocuente, manoteó la guitarra, preludió un rasguido trabajoso, cantando por cifra con ojos en blanco y voz de rueda mal engrasada.

—Prenda, perdone y escuche.

Prenda, perdone y escuche,
Que mis penas bi'a cantar;
Pero usté mi'a de alentar,
Pues traigo pesao el buche,
Más retobao que un estuche
Que no se quiere baciar.

Doña Anunciación, más seria que el Ñacuru-
tú, guiñaba los ojos, perplejos.

Armando buscó inspiración por milonga:

> No me mire, vida mía,
> Con esa cara tan mala,
> Que el corazón se me quiebra
> Como una hojita'e chala.

> Miremé, china, en el alma
> Con sus ojos de azabache;
> Miremé con su cariño,
> Que no hay miedo que me empache.

> Y digamé con los ojos
> Que lo quiere a su moreno,
> Y enfrenemé con confianza,
> Que he de morder en su freno.

> Pero no se enoje, prenda,
> Y no arrugue ansí la cara,
> Si no quiere que me muera
> Más blandito que una chara.

Ahí no más, salió el de adentro, enredándose
en los bancos, con tamaña daga remolineando;
y ambos amantes se encararon, entre insultos y
promesas de degüello.

—Negro desgraciado, había de tocarle la mala.

Y quedó boqueando, mientras el otro huía des-
preciando a la china, a quien comparaba con
bestias poco honradas. Se fué, se fué... pucha,
moso apurao.

La puestera, momentáneamente preocupada,
arrastró hacia afuera al muerto, lo subió a duras
penas en la zorra, ató el petizo y fué hasta una
vizcachera rodeada de tupidos cardos, donde vol-

có su carga. Mientras tapaba al finao, recordó su nuevo amor ahuyentado.

—Bien muerto —pensaba—, por entrometido.

La cabeza quedaba aún de fuera; doña Anunciación no podía ya de cansada, pero era buena cristiana; hizo una cruz de un palito, buscó un lugar donde ponerla y, con ímpetu repentino, se la clavó al muerto en el ojo.

¡Negro pajuate!

ANTITESIS

LA ESTANCIA VIEJA

Todas las estancias del partido, contagiadas de civilización, perdían su antiguo carácter de praderas incultas.

Las vastas extensiones, que, hasta entonces permanecieran indivisas, eran rayadas por alambrados, geométricamente extendidos sobre la llanura.

No era ya el desierto, cuyo verde unido corría hasta el horizonte. Breves distancias cambiaban su aspecto, y no parecía sino una sucesión de parches adheridos.

La tierra sufría el insulto de verse dominada, explotada, y, renunciando a una lucha degradante, abdicaba su gran alma de cosa i....

Pies extranjeros la hollaban sin respeto e instrumentos de tortura rasgaban su verdor en largas heridas negras.

Semillas ignotas sorbían vida en su savia fecunda, y manos ávidas robaban a sus entrañas la sangre para convertirla en lucro.

Un sólo retazo escapaba a aquel cambio. Era la estancia de don Rufino, que, como un hijo ante el ultraje de su madre, presenciaba esa invasión, la muerte en el pecho.

Con irónica sonrisa, en que había una lágrima, decía, sacudiendo su barba cana, "como pantalón de gringo"; y sus ojos, tristes, se nublaban, uniendo los diferentes colores.

Su estancia no había cambiado. Un solo potrero servía de pastoreo a vacas, yeguas y ovejas. Y el personal, todo criollo, se abrazaba al último pedazo de pampa como a una bandera.

Allí se podía olvidar y hasta hacerse la ilusión de que, pasados los límites, todo seguía como diez años antes. Diez años que hab'an traído un cambio brusco que causaba la sorpresa de una traición.

Don Rufino era el verdadero patrón, como el concepto viejo lo entiende. Criado en el campo, apto a todo trabajo, con una rusticidad de alma llena de cariño, era respetado por sus canas y querido por su bondad.

La administración era a usanza antigua. Serí más práctico explotarla con los recursos que prestaba la "ciencia agraria", pero eso hubiera equivalido a un renunciamiento.

Una pequeña casa de material, en forma d rancho, alineaba tres piezas en hilera, frente a las cuales un patio, de tierra prolijamente barrida, ostentaba su pobreza limpia.

Esa mañana, un calor de pes 'll aplastab la estancita.

Bajo el abrazo rojo del techado, a la luz de sol bravío, los pequeños muros reflejaban com un metal la claridad de su blancura hiriente.

El patio se agrietaba en arborescencias confusas.

Sombreado por el alero escaso, don Rufin trenzaba sudoroso. Sus ojos agudos dejaron un momento el trabajo para enturbiarse sobre e campo, quemado de sol, ausente de pasto como u camino, que desconcertaba la mirada con la impresión de su reverberante amarilleo.

Tres meses de seca implacable habían carbonizado las más resistentes raíces, y sólo las osa mentas puntuaban la desnudez del campo, irrefutables afirmaciones de ruina.

Don Rufino colgó el trenzao, fué hacia el pozo cercano, donde bebió, media cabeza sumida en el balde. Luego se encaminó hacia el dormitorio para escapar a la resolana y observar su virgencita milagrera, famosa en el partido.

Franqueada la puerta, se sintió dominado por aquella quietud mística.

El cuarto estaba obscuro, cerrado a toda influencia exterior, y le alumbraban un par de velas, puestas a cada lado de la virgen extática.

No se habría sabido decir si su actitud era de bendición o de ferviente rezo; lo cierto es que las rígidas manitas inspiraban un plácido respeto, y hasta la frescura del cuarto, que parecía sestear en su sombra, hubiérase dicho obra de ella.

Doña Anacleta le había bordado una alfombrita de mostacilla, y a sus espaldas, sostenido al muro por varios clavos para redondearlo, colgaba un rosario de huevos de urraca y chimango.

Iba el viejo a arrodillarse y rezar por centésima vez pidiendo el agua ansiada. Pero tuvo noción de la inutilidad de sus ruegos.

"Hasta a las ranas hac'a más caso aquel pedacito de palo inconmovible". Y un ansiar venganza ahogó su intención piadosa.

Vió lo de afuera: el campo, árido; los animales, olfateando la tierra sin conseguir de ella más que las dos columnas de polvo alzadas por su soplido.

Toda la congoja de los impotentes aquellos transformósele en rabia, y un proyecto vago en él se precisó.

¡Era fácil estar indiferente como aquel idolito en la frescura encerrada, cuando los demás

padecían del sol universal! Justo era que ella
también sufriera hasta que por fuerza diera lo
que no podían conseguir con rezos.

El momento era propicio. Los muchachos an-
darían cuereando; la vieja estaba adobando un
peludo en la cocina. Podía cumplir su amenaza
sin impedimento.

Con manotón irreverente destronó a la virgen
de su rincón, escondiéndola bajo la camiseta como hubiera podido hacer con un pollo para que
no gritara. Y cerrando con llave, tomó un sen-
dero cuya tierra le abrasaba los pies a través de
las alpargatas.

Un remolino venía haciendo espiralear la ho-
jarasca y le quemó el semblante como cuando se
agachaba demasiado sobre el fogón en busca de
un tizoncito.

Llegó al galpón de esquila, amplio mesón de
barro, techado de paja.

En un rincón estaba el comedero, que, acom-
pañado de una argolla incrustada en el muro,
formaba el pesebre del tobiano, "el crédito", el
único animal gordo en el establecimiento.

Echóle encima un cuero, lo enriendó, apretó
el cojinillo con un cinchón y, enhorquetándose,
salió como ladrón buscando lo más tupido de la
arboleda.

Púsose a galopar hacia el fondo del potrero.
Pronto distinguió el palo del rodeo, única cosa
que el calor no agobiaba.

Cada detalle de la calamidad aquella reforza-
ba el enojo de don Rufino, exasperado ya por el
sol, que le chamuscaba el cuerpo a través de la
ropa.

Dejó rienda abajo al caballo, acostumbrado,
sacando a luz la imagen, que miró con satisfacción; después retiró al tobiano el cinchón, y bien

arriba, donde los animales no alcanzaran, ató a la virgencita como a un Prometeo.

Cuando hubo concluído, miró y remiró su obra, a ver si no dejaba una posibilidad de escapatoria, y la cara se le arrugó en amplia carcajada de contento.

—Por Dios —dijo a la virgen, mientras besaba un escapulario con estampa del Cristo que traía al cuello—. Por Dios, que aí vah'a quedar embramada al palo hasta que hagás yovér —y sin más tardanza saltó en su flete, que, solo, tomó rumbo a las casas.

De pronto se detuvo, ensanchándole el pecho una emoción indecible. Allá, en el horizonte, ¿qué ra aquéllo? Una franja obscura parecía avanzar.

Don Rufino no podía creer, dudó de sus ojos; y como ya estuviera cerca de las casas, siguió acia ellas para ver qué decían los otros.

No oyó sino un grito: "Las puertas, las puertas; cierren las ventanas y los postigos, que viene la tormenta". Ya no dudó.

Hubo un instante de quietud, y el primer soplo del huracán barrió el campo. En el camino, una columna de polvo se alzó en jadeante remolino: los viejos álamos agacharon, rechinando sus orgullosas copas, y las casuarinas silbaron su quejido agudo.

Don Rufino, atontado, inerte por la emoción, miró a su alrededor; los pocos animales que veía, dando idénticamente el anca al viento, le parecieron de golpe haber engordado. Creía vivir en otro mundo, sentíase lleno de milagro, y al recobrar su vitalidad, brevemente perdida, echó su caballo a correr, tendido sobre el costillar, camino a la virgencita.

Allí estaba, con los fuertes nudos, pequeña, igual, menos luminosa en la obscuridad de la

tormenta. Don Rufino besóle los pies, hízole mil
mimos y caricias, concluyendo por envolverla en
el cojinillo y disparar, a pelo limpio, hacia las
casas.

El viento, que parecía haber arreado con toda
la tierra, seguía claro y menos fuerte. Algunas
gotas espesas comenzaron a caer, viajadoras como bolas perdidas. El anciano aceleraba, bebien-
do a pulmón abierto el olor a tierra mojada
cerca del palenque, las gotas se tupieron, haciendo paragüitas contra el suelo.

Llegó empapado.

En el galpón de esquila todo el peonaje reuni-
do se atareaba en guarecer del chubasco las prendas que éste podía dañar.

Un hornero repiqueteaba su risa de victoria.
Los relámpagos dibujan carcajadas de luz.

Felipe, el menor de los muchachos, aparec[í]
por la playa hecho sopa, gritando al ataque fresco de la lluvia. Traía a los tientos un cuero cuya[s]
garras espoleaban al caballo en las verijas. Has[-]
tiado el animal, al enfrentar las casas, corcovi[ó]
unos diez metros.

—¿Ande vas?... ¿Ande vas? —gritaba do[n]
Rufino—. A darte un disgusto...

—De viejo y bichoco —contestaba el muchach[o]
alusivamente— se me acalambran los huesos.
—Y ambos reían, mirándose en la cara.

La lluvia, gradualmente, fuése moderando. Cho-
rros y gotas caían de los techos, ahondando la[s]
marcas de gotas anteriores. Los árboles, momentos antes maltratados por el vendaval, re-
verdecían lavados. Los troncos intensificaba[n]
su color. Las zanjas plagiaban ríos; los charcos, lagunas. Los pájaros, pelotones de pluma[,]
se inmovilizaban, los párpados a medio cerrar[.]
Un ritmo lento, lleno de goce, silenciosament[e]

intenso, moderaba los gestos hasta de la gente, que se acariciaba el cutis contra el aire fresco.

Un ritmo lento, una quietud contemplativa abrazaba la Pampa.

Son las nueve de la noche. Todo parece dormir en la estancita. En el dormitorio de los viejos hay luz. Cuantas velas se encontraron en la casa están ahí, para iluminar a la bienhechora. Don Rufino, rosario en mano, dice los Aves que corean los demás. Cocinero, peones, todos están allí en esa hora solemne. La voz baja y monótona alterna con el coro; una profunda piedad se exhala de las almas sencillas.

Contra los vidrios, la lluvia en latigazos intermitentes crepita con saña.

Y la virgencita, muy oronda en su nicho, saborea esa nueva victoria sobre todos los otros santos del pago.

LA ESTANCIA NUEVA

Era un toro excepcional, y don Justo Novillo se enorgullecía de haberlo logrado con mestización rápida.

Siempre sostuvo que pocas generaciones bastaban para conseguir tipos perfectos de raza; lo esencial era echar buenos reproductores, sin "abatatarse" por los precios.

Ahora pocos le discutirían.

¡Qué toro!; parecía de "pedigree": un noble animal idéntico al padre importado a costo y cuenta de don Justo.

Había que cuidarlo. Y el patrón, breve conocedor de "farms" británicos, aplicaría el sistema ultramarino: lo trataría como a un "lord".

A esos efectos despachó la peonada criolla —que miraba con ironía aquella mole inmóvil y decían panza, cogote, guampas, cual si se tratara de un vulgar "guaiquero"—, para reemplazarla por un blondo par de normandos rasurados, rojos, "chic" en sus "briches"; muy europeos, con sus gorras y pipas y "whisky".

¡Qué orgullo para el establecimiento!; todo giraba en torno a la hermosa bestia, cuasi sagrada, y los visitantes no veían sino las actitudes matronescas del fabricador de carne para exportación.

Llegó la Exposición, tumulto de reproductores "gloria nacional". Un espectáculo sobrehumano, diremos, porque nunca nuestra especie logra esa perfección de belleza.

Los grandes cabañeros discutían amontonados en torno a los posibles campeones. El toro de Novillo elevaba el diapasón de las discusiones.

—¡Pero si la madre ha de ser hosca o chorreada!

—Será lo que usted quiera, pero hay derecho a ponerlo en duda.

—¡Si hace diez años no tenía más que un rodeíto de hacienda criolla!

—Y, amigo, el hombre se las ha compuesto a su manera; el resultado es de primer orden, no hay fallas, mire el lomo...; es un billar; patas, impecables... ¡y qué costillas!; la paleta, amigo; el pelo, las astas, el cogote... ¿qué más?...

Y se excitaban en comentarios técnicos, haciendo levantar al animal de un puntazo, con el regatón de sus malacas, palmeándole las ancas, estirándole el cuero.

Llegó el día, y toda la familia Novillo presenció jadeante los trabajos del Jurado en la pista... La escarapela blanca del primer premio de categoría se enriquecía con la azul: "el campeonato".

Era motivo suficiente para que todos los Novillo tiraran y rompieran sus galeras (¡qué importaba una galera!).

Un día único, el día del laurel.

La vuelta fué triunfal: los mimos resultaban pocos; hasta la tierna despedida de don Justo.

—Bueno, compadre, a divertirse y cumplir con su obligación: "crecete y multiplicate".

Querían ir los muchachos, pero el viejo los retuvo.

—¡A ver, a ver!... no son bromas, ni jugue-es, ¿no?...; déjenlo tranquilo..., llévalo no más, Cresensio.

¡Qué barbaridad!... A las diez apareció Cre-sensio con andar descompuesto.

—Señor..., el toro estaba muy pesao y se ha quebrao.

—¿Cómo?

—¡Se ha quebrao, señor...; sí, señor, se ha quebrao de una pata!...

Tuvieron que degollarlo: ¡pobre muerto glo-rioso! ¡Todos concluímos así, al fin!

Pero el tiempo reglamentario pasó.

Se sabía que al menos algo quedar'a del cam-peón: un hijo. El primero y el último...; por suerte, la madre era pura, de las pocas puras, y quién sabe, pensaban los Novillo, no fuera digno del padre.

Se esperó el advenimiento. Cumplióse el pla-zo, y un peón de los viejos que rondaba el po-trero del plantel vino con la noticia.

—¡Parió la vaquillona, señor!

¡Qué algazara!; todos los Novillo cayeron en tropel.

—¡Parió..., parió..., Hosana!

—¿Y, vamos a ver, cómo es, don Paulino, có-mo es?

—Es hembra, señor.

—¡Caramba! ¿Y de qué pelo?

Don Paulino sonrió entre sus bigotes moros:

—¡Es yaguanesa, es!

AVENTURAS GROTESCAS

ARRABALERA

Es un cuento de arrabal para uso particular
de niñas románticas.

Él, un asno paquetito.

Ella, un paquetito de asnerías sentimentales.

> La casa en que vivía,
> Arte de repostería;
> El padre, un tipo grosero
> Que habla en idioma campero.

Y entre estos personajes se desliza un triste,
triste, episodio de amor.

La vió un día reclinada en su balcón, asoman-
do entre flores su estúpida cabecita rubia, llena de cosas bonitas, triviales y apetitosas, como una vidriera de confitería.

¡Oh el hermoso juguete para una aventura
cursi, con sus ojos chispones de tome y traiga,
su boquita de almíbar humedecida por lengua
golosa de contornos labiales, su nariz imperti-
nente a fuerza de oler polvos y aguas floridas,
y la hermosa madeja de su cabello rizado como
un corderito de alfeñique!

En su cuello, una cinta de terciopelo negro
se nublaba de uno que otro rezago de polvos, y
hacía juego, por su negrura, con un insupera-
ble lunar, vecino a la boca, negro tal vez a fuer-

za de querer ser pupila, para extasiarse en e
coqueto paso sobre los labios de la lengüita hu
medecedora.

Una lengüita de granadina.

La vió y la amó (así sucede), y le escribi
una larga carta en que se trataba de Querubi
nes, dolores de ausencia, visiones suaves y des
engaño que mataría el corazón.

Ella saboreó aquel extenso piropo epistolar
Además, no era él despreciable.

Elegante, sí, por cierto; elegante entre todo
los afiladores del arrabal, dejando entrever po
sus ojos, grandes y negros como una clásica
noche primaveral, su alma sensible de amado
doloroso, su alma llena de lágrimas y suspiro
como un verso de tarjeta postal.

Todo eso era suficiente para hacer vibrar (
corazón novelesco de la coqueta balconera.

Se dejó amar.

Rolando paseóse los domingos empaquetado
en un traje estrecho y botines dolorosament
puntiagudos, por la vereda de quien le conce
día, en calidad de limosna, una que otra sonri
sa (deliciosa sonrisa) de su boca de frutilla.

Compróse para el caso un chaleco floreado
de amarillos pétalos sobre fondo acuoso; una
corbata de moño, con colores simpáticos a los
del chaleco, y una varita de frágil bambú orna
da de delicioso moño de plata.

A ella le floreció la boca, sonrojáronsele las
mejillas, y sus ojeras tomaron un declive de me
lancolía.

¡Amor, amor!

Divino surtidor.

Pero había un padre..., y ¡qué padre!.

Bastó una circunstancia fortuita para que
mostrara su alma innoble. Se precipitó sobre el

tierno jovencito y, desordenando la pétrea rigidez de sus solapas, habló así el torpe:

—Vea, so cajetilla; despéjeme la vedera, y pa siempre, si no quiere que le empastele la dentadura, ¿mi-a-óido?

¡Qué hombre grosero, tan grosero, y qué trompada en el cristal de los corazones enamorados!

¡Oh, nobles flores del balcón, vosotras supisteis el tibio rocío de las lágrimas lloradas por Azucena!

¿Y el jovencito?

¡Ay!... Escribía versos, rimando sus penas para aliviarse en actitudes interesantes; pero no tenía el genio de Musset, y su única lectora apenas si respondía ya a sus súplicas.

¡Pobre jovencito! Sufría oyendo con infinita ternura el canto de los pajaritos y lagrimeaba en los crepúsculos. El olor de los jazmines, que ella quería, le producía desfallecimientos. Su corazón se deshojaba como una flor, y vivía forjando romances tristes.

Eso no podía seguir.

Enflaqueció, perdió el gusto de comer y la afición de vestirse; era un lirio sin sol, concluyendo por tomar la fatal decisión de poner fin a su existencia.

¡Pobre jovencito! Escribió su último verso de amarga despedida, dijo que su sangre salpicaría el retrato ingrato y, sonriente ante su supremo dolor, dijo muchas, muchas, muchísimas cosas tristes, y, ¡pum!..., se dió un tiro en el cerebro.

MÁSCARAS

Nos paseábamos hacía rato, secándonos del zambullón reciente, recreados por toda aquella grotesca humanidad, bulliciosa e hirviente, en la orilla espumosa del infinito letargo azul.

El sol ardía al través de la irritante ordinariez de los trajes de baño.

—Verdad —decía Carlos—, tendría razón el refrán si dijera: "el hábito hace al monje". ¡Qué pudor ni qué ocho cuartos: aquí hay coquetería y una anca se luce como un collar en un baile! Pero ahí viene Alejandro y le vamos a hacer contar aventuras extraordinarias.

Saludos. Carlos hace alusiones al ambiente singularmente afrodisíaco del lugar; Alejandro sonríe de arriba y toca con los ojos indiscretos los retazos de formas mujeriles que se acusan en la negra adherencia de los trapos mojados.

Nos mira con pupilas crispadas de visiones libidinosas y arguye convencido:

—Se vive en un tarro de mostaza. El sueño es una incubación de energías; el aire matinal un "pick me up", y este espectáculo diario es tan extraordinario para la "taparrabería" de nuestra vida cotidiana, que no anda vago de mil promesas incumplidas, como las pensionistas de convento privadas del mundo ansiado que les desfila en desafío bajo las narices.

Por suerte, hay una que otra rabona posible...

. —Así que vos, a pesar de tu renombre donjuanesco..., ¿se te acabaría la racha?

—¿Racha?... El mío es un oficio como cualquier otro. Lógico es que algo me resulte.

—¿Y nada para contarnos?

—¡Algo siempre hay!

—¿De carnaval?... ¿La eterna mascarita?

—¡Sí, la eterna mascarita!... Y eso es natural en un día anónimo.

—¿Nos contarás tu aventura?

—Si quieren; es bastante curiosa... Vamos a vestirnos y, tomando los copetines, charlaremos.

En lo del Negro Pescador hay un tenorete que hace pecho; usa "boutonnière" estrepitosa y canta con olas en la voz. Sentados, oímos la verba efervescente de Alejandro. que tornea las palabras con ademanes de palpar formas.

—...Chicas así siempre se encuentran. No se animan a nada, contenidas por el temor del murmullo malintencionado; pero se dan, se entregan, en una mirada, con un gesto distraído que las desnuda, ciñéndose la capa sobre las caderas libres, o entregándose turgentes al salir de una ola.

¿Ustedes conocen   chica de F...? ¿Es bonita, verdad? Pero su   lleza es poco, comparada con el temperamento que vive en ella.

Hacía todas las monadas de la capa, de la sonrisa, de la ola, y era como una palpitación constante de curiosidades personales. Parecía maravillarse con su cuerpito duro, ceñido en piel morocha, brillante como una espuma curada.

Al poco tiempo se permitía conmigo libertades que nos detenían en privaciones forzadas. No había ocasión. Ella parecía temerla, pero como impotente a negarse en una oportunidad decisiva.

Hice mi plan: carnaval se acercaba, y pensé en lo que Carlos llama "la eterna aventura de la máscara".

Ella me dijo cuál sería su disfraz. Su estado febril la predisponía a los actos inconscientes, y preparé ese desagradable antemano que, por desgracia, es imprescindible, si no se quiere caer en pequeños inconvenientes que todo lo echan por tierra.

A las once estaba listo, coscojeando de impaciencia dentro del dominó oliente a trapo.

Vacío completo en el salón limitado en cuadrángulo por varias filas de sillas. Luz y reflejos acuáticos en el parquet encerado.

Me senté en un rincón esperando que las parejas de la terraza se hartaran de fresco y vinieran a romper el hielo relumbrante.

Dos horas más tarde, siendo propicia la algazara, me acerqué a mi mascarita, nervioso en la indecisión de los primeros momentos. Pero todo se desvaneció en tranquilidad de ola rota cuando las primeras frases banales de encuentro nos encaminaron a la conversación.

Inés no estaba elocuente; contestaba con voz desconocida, bajo la máscara. los monosílabos obligatorios. Me explicaba perfectamente su estado, y lacerado por el silencio de su turbación, fuí elocuente. apasionado, exigente, como con derechos ya adquiridos.

Por fin, balbuceó frases de abandono. de consentimiento tímido. Volví a la carga, insinué una escapada donde nadie pudiera interrumpirnos y accedió con el sólo ruego de que respetara su máscara.

—Tendré más coraje, seré más tuya.

Di mi palabra, y el asunto marchó a antojo menos difícil de lo que había previsto para una criatura inexperta.

Fué una noche extraña, devorante de pulsaciones aceleradas y saciedades renovadas por nuevas vorágines. Yo miraba como en una mazmorra rodar las pupilas concentradas y lejanas. Nunca se ha aferrado a mí una mujer con intensidad más violenta; levantaba el triángulo de género que concluía su antifaz y entregaba insaciables sus labios, hinchados y tenaces. Era como un desesperación; adivinaba sollozos, pero no me llamaba la atención que, entre todas las tonalidades de amor, la triste fuera suya.

Quedé dos o tres días desagregado, tenue, llevando en mí la sensación de un desvarío que me amplificaba.

¿Qué era de Inés? ¿Por qué me miraba así fríamente y evitaba encontrarme a solas? ¿Se guardaba rencor por haberme cedido?

Mucho tiempo anduve sin saberlo, y las veces que me atreví a insinuar un recuerdo de la noche pasada hacíase la desentendida. Creí, pues, me indicaba un camino, y callé, dispuesto a actuar sin palabras para evitarle la situación neta que parecía rehuir. Al fin y al cabo, todo estaba de acuerdo con la guardada del antifaz. Modo, en verdad, curioso de pudor.

La segunda ocasión se presentó, volví a utilizar mi sistema apremiante, e Inés fué mía por segunda vez..., es decir, por primera, pues me daba la prueba material que ni yo ni ninguno la había poseído anteriormente.

Esto corre desde hace varios días. La Inés de hoy y la de carnaval resultan dos, y me muero de curiosidad inútil por saber quién es la Mesalina furiosa de la careta que aprovechó el equívoco para entregarse por cuenta de otra.

—¿Y no crees que volverá a buscarte, a ingeniarse, por lo menos, en cualquier forma para verte?

—Seguro que no. Ésa es de las que, débiles, ceden a la moral social como un perro a una mordaza, y se ha desbocado en ocasión única con toda la presión contenida durante una existencia.

—¡Pues ya sos oportuno!

—Casualidad, caer en el momento único.

Las copas están vacías, ya no hay gente en el baño. Las mujeres se pasean, el cutis lustrado de gran aire salino, y se saludan o conversan con gestos de púdico recato.

FERROVIARIA

—¡Ahí viene el Zaino! —anunció Alberto desde la puerta del pequeño salón de espera.

Recoger las valijas, salir al andén y ponernos buenamente a contemplar el punto negro, empenachado de humo, que venía hacia nosotros agrandándose, fué obra de un segundo.

Las despedidas se cruzaron.

—Hasta pronto, entonces; que se diviertan por allá, y no olvide, Alberto, le recomiendo mi compañera por si le hace falta algo...; atiéndamela, ¿no?

—Pierda cuidao. Por lo pronto, la señora —dijo mi compañero dirigiéndose a la robusta y hermosa alemana— nos hará el honor de comer con nosotros.

—Con mucho gusto.

—Otra vez, entonces, ¡hasta la vuelta!

—Esoés, ¡adiós, adiós!

Y tras los últimos apretones de manos, nos colamos a nuestro coche, sacamos el polvo de los asientos a grandes latigazos de nuestros pañuelos, abrimos la ventanilla, acomodamos las valijas y nos sentamos con satisfacción de conquistadores.

No hubo más voces, ni movimiento en la estación campera, que pronto dejamos en su silencio.

Afuera, la llanura corría, a veces interceptada por algún árbol demasiado cercano que aturdía los ojos.

—Supongo —dije a Alberto— que me presentarás la rubia.

Y siguiendo a esta pregunta, hice otras, cuyas contestaciones me fueron satisfactorias.

—Bueno, vamos al comedor, que nos estará esperando.

Sola y halagada por muchos ojos, nuestra flamante amiga aguardaba sonriente. Los manteles se cargaron de vinagreras, platos, cubiertos, y, poco a poco, los viajeros llegaban con andar inseguro, buscando en torno las caras menos desagradables para hacerlas sus compañeras de comida.

Nuestra conversación rodaba, fácil y ruidosa, como el tren mismo; los sacudones hacían chocar las rodillas bajo las mesas; las porcelanas sonaban como risas, y en los vidrios, iluminados por la luz interna, el azul de un atardecer ya avanzado concentraba su color.

Las intimidades con mi vecina iban su camino. Debía tener yo rojas las mejillas, a juzgar por las de ella, y nuestras voces llamaban la atención.

A los postres, pedimos nos llevaran al compartimiento café y licores, y regresamos chocándonos a capricho de los movimientos del vagón, cosa que permitía ciertos ademanes que podían pasar por involuntarios.

Y como generalmente van las cosas, cuando dos intenciones concuerdan, fueron las incidencias desenvolviendo su ovillo hacia la perfección sin choques ni retardos, hasta que la misma idea, ineludible, vino a detenernos ante el tercero, que, si hasta entonces había ayudado, podía estorbar.

Dos palabras en voz baja. Ella se levantó fingiendo un olvido.

—Ahora vuelvo.

Dije al rato estúpidamente:

—Ché, ésta no viene...; voy a buscarla.

Mi amigo sonrió simplemente.

Por breve que hubiese sido, ella encontró tiempo para arreglarse y esperarme, sin trabas retardadoras, evitando los ridículos de una impaciencia exasperada

El lecho era estrecho y duro; pero ya saboreaba todos los encantos de mi aventura inesperada, cuando dos puñetazos, enormemente asentados, hicieron temblar la puerta.

Sorprendido e iracundo, respondí con palabrotas a los ruegos del empleado, cuyo discurso no entendí. Pensé fuera por los boletos, pero oí la voz de Alberto gritándome por una rendija:

—¡Abrí!... ¡Abrí, animal que no es broma!

Corrí el pasador y mi compañero cayó casi sobre nosotros.

—¡No te has dao cuenta que hace veinte minutos estamos paraos en una estación y estás con la luz prendida!

Loco, salté hacia el botón eléctrico, que apagué de una vuelta, y, libre entonces del encandilamiento, pude ver un racimo de caras gozosas que se aplastaban la nariz contra el vidrio de la ventanilla.

SEXTO

Eran inocentes porque eran chicos, y los chicos representan entre nosotros la pureza de las primeras edades.

Vivían, cerco por medio, en dos hermosas quintas llenas de árboles amigos y misteriosos. Corrían, jugaban, y sus risas eran inconscientes vibraciones de vida en los jardines.

Cuando sus brazos se unían o rodaban sobre el césped, solían acercarse sus rostros y se besaban sin saber por qué, mientras una extraña emoción, mejor que todos los juegos, les impulsaba a buscarse los labios.

Otras veces, influenciados tal vez por el día o por un sueño de la última noche, estaban serios. Sentábanse entonces sobre el rústico banco de la glorieta, y él contaba historias que le habían leído, mientras jugaba con los deditos de su compañera atenta.

Eran cuentos como todos los cuentos infantiles, en que sucedían cosas fantásticas, en que había príncipes y princesitas que se amaban desesperadamente al través de un impedimento, hasta el episodio final, producido a tiempo para hacerlos felices, felices en un amor sin contrariedades.

Ella oía con los ojos asombrados e ingenuos de no saber; sus cejitas, ávidas de misterios amorosos, ascendían en elipsis interrogantes, y, en los finales tiernos, sus pupilas se hacían trémulas de promesas ignotas.

Y no eran sus ojos los únicos elocuentes. Su boca se abría al soplo de su respiración atenta, sus rulos parecían escuchar inmóviles contra la carita inclinada y abstraída. Y sus hombros caían blandamente en la inercia del abandono.

Ya tenía él el orgullo viril de ver colgada de sus palabras la atención de esa mujercita, digna de todos los altares. Y cuando su voz se empañaba de emoción al finalizar un cuento se estrechaban cerca, muy cerca, en busca de felicidad y como conjurando las malas intervenciones.

Entonces creían gozar de un privilegio. Se acariciaban envueltos en una exigencia inexplicada de sentirse mezclados y guardaban un sabor de iniciados en misterios ignorados del mundo.

Estaban un día ajenos a todo. El cuento de la princesa rubia había puesto entre ellos la ascendencia de su fantasía. Ella se arrebujaba contra él desparramando en hilachas de oro sus bucles sobre el hombro amigo; él la había atraído lo más posible y besaba, como estampas sagradas, sus ojos, trémulos de promesas ignotas.

Así estrechados, una voz hostil los sacudió. Vieron un hombre negro, un padre jesuíta que los invectivaba.

Escaparon. Pero el hombre, enfurecido por algo inexplicable, tocó el timbre de la quinta, exigió la venida de la señora y, señalando a los pequeños, los acusó de cosas incomprensibles.

Esa noche los involuntarios pecadores (así muestran hoy las cosas) fueron sermoneados y entrevieron el sexto mandamiento.

La lápida estaba colocada.

El muchacho sintió que una gran ave blanca yacía a sus pies en desparramo inmundo de tripas sanguinolentas.

Y ella veía caer de entre sus pestañas temblorosas lágrimas, como si fueran gotas de su alma muertas de dolor.

TRILOGIA CRISTIANA

Para Alfredo González Garaño

EL JUICIO DE DIOS

EQUIDAD

(CUADRO DE COSTUMBRES)

Dios meditaba en el sosiego paradisíaco del Paraíso. El ambiente de contemplación le sumía en estado símil y pensaba divinamente.

Como un nimbo de carnes rosadas y puras, una guirnalda de angelitos le revoloteaba en torno coreando el himno eterno.

De pronto, algo así como un crujido de botín perforó el ambiente beato. Un angelito enrojeció en la parte culpable, y, presas de súbito terror, las aladas pelotitas de carne se desvanecieron como un rubor que pasa.

Dios sonreía patriarcalmente; sentíase bueno de verdad, y un proyecto para aliviar los males humanos afianzábase en su voluntad.

Quejidos subían de la tierra, y en la felicidad del cielo eran más dolorosos. Había, pues, que remediar, y Dios, resuelto al fin, envió a sus emisarios trajeran lo más distinguido de entre la colonia de sus adoradores.

Así se hizo.

Reunidos, habló Jehová:

—¡Oíd!..., un rumor de descontento sube de la tierra; jamás el hombre miserable llevará con resignación su cruz, e inútil les habrá sido el ejemplo dado en mi hijo Cristo. Los rezos, hoy como siempre, importunan mi calma y quiero cesen. Mi voluntad es escuchar los deseos humanos y, según ellos, darle felicidad para al fin gozar de la nuestra.

¡Vosotros, ángeles negros distribuidores de noche, embocad las largas cañas de ébano y soplad, por los ojos de los hombres, la nada en sus pechos!

¡Que las almas tiendan hacia mí mientras conserváis los cuerpos; así luego vuelve la vida a seguir su pulsación!

Como en los cielos carecen de tiempo, estuvieron muy luego los citados, míseros y ridículos en las multiformes y policromas vestimentas.

Había galeras panza de burro estilizadas por la moda, ojos quebrados de dolor, relámpagos de carne en oferta, palabrotas, chiripás, protestas, melenas, lamentos, chalecos de fantasía, resignamientos, en fin, todo el "bric à brac" humano de cuerpos, trajes, sonidos, ideas, colores, formas y sentimientos.

Alrededor hicieron público los habitantes celestes, mudos a causa de eterno éxtasis y desnudos por inocencia.

En el centro establecióse el tribunal benefactor. Tres personas en una, que es Dios verdadero, los Padres y Santos por decreto eclesiástico y una veintena de zanahorias celestes para el servicio.

El primero en comparecer fué un viejo tullido. Estiradas hacia Dios sus palmas voraces de ahogado, clamó:

—¡Oh señor!, yo creo en Ti desde mi dolor como los leprosos de Judea...

Una voz:

—Tú crees en Dios como en un Penadés omnipotente. Sin tu enfermedad, serías ateo.

El viejo lloriqueaba, incapaz de defenderse. Los ángeles arrastraron hacia el tribunal al nuevo hablador. Era un médico barbudo, de ojos bondadosos y trabajadores, llenos de buena fe.

Dios. — ¿De modo que no crees en mí?

Doctor. — No.

Dios. — ¿Y cómo te explicas esta tu conversación conmigo?

Doctor. — Como un producto de mala digestión.

Aquí Miguel le dió del pie en el coxis (como se estila desde la expulsión de Lucifer), el piso de nubes se abrió como en los teatros y el médico enganchó la suficiente cantidad de algodón para no partirse el frontal contra la tierra.

El viejo insistía en sus lamentos. Dios trató de convencerlo.

—¿Por qué reclamar de tu dolor? ¿No sabes que los caminos sufridos conducen hacia mí? Deberías bendecir el mal que te acerca al Cristo, mi hijo.

Mas como el viejito no callase, expulsáronlo, paradisíacamente, dándole del pie en el coxis (como se estila desde la expulsión..., etcétera).

Melena en ola, frente pálida, ojos glaucos y andar severo, un filósofo enderezaba al trono, y, apuntando a Dios, interrogó:

—¿Quién eres tú?

Dios (algo intimidado). — El Dios de mis creyentes.

Filósofo. — ¿Y cómo hemos de considerarte? El Antiguo Testamento te pinta justiciero, parcial y sanguinario en tus venganzas. Cristo te dijo benefactor sin distinción de razas, castas o acciones; la fe y arrepentimiento lavaban todo pecado.

Hoy parecen los que se dicen tus prosélitos

desencaminados de tus principios, y los sinceros recurren al Cristo como único Dios.

Jehová, abochornado por la enfática tirada y algo molesto, musita:

—¿Y el Padre?

Filósofo. — El Padre, inexistente, sería la bondad en abstracto; Jesús, su hijo y representante hecho carne en la tierra.

Dios pestañeaba seguido, como nervioso y sin saber contestar; ese curso de teología no era para su simplicidad primitiva.

Entre sus quijadas, convulsas de ira, masticaba como una gomita esta frase arbitraria, pero concluyente:

—Es loco, es loco.

San Miguel, habiendo oído su protesta temblorosa, alzó su hierro tras la fuga previsora del sedoso melenudo, que no logró escapar sin que le dieran del pie en el coxis (como se estila..., etc.).

Hacía rato, un muchacho sonriente paseaba ante el tribunal sagrado, como haciendo la vereda de su casa, absorto por una ocurrencia divertida.

Dios se fastidiaba:

—¿Quién eres tú?

Poeta (encogiéndose de hombros). — Todavía no lo sé.

Dios (perplejo). — ¿Juegas conmigo?

Poeta. — ¿Y quién eres tú?

Dios (lógico). — Dios.

Poeta. — Ya sé, ya sé.

Dios. — ...

Poeta. — El ideal de rebaño. El lugar común del ideal.

Un murmullo se amplificaba, como exhalación pútrida, del conglomerado humano.

Frente, a Dios, todos los hombres le discutían,

viéndole en modos diferentes, tratando a los otros de herejes. Se oían pedazos de ideas.

—...No pertenezco a tu majada...; nos larguen, que nos lar... Viva la materia... ruega por nosotros..., embusteros, atrapasonsos..., en la hora de n..., basta... Uff...

Ya no se distinguía nada. Era la obscuridad auditiva completa, el vocerío ahogaba los musicales bordones angelicales, que mangangueaban, dardo en mano (si es posible), listos a obrar.

El murmullo fué grito; el grito reventó en Babel de razonamientos inentendidos, pero vehementes, llevaderos a pelea hecha de blasfemia, golpe y arañón, que onduló la turbamulta con remolinos y estrépitos de aceite en ebullición.

Fué la última gota. Dios, anonadado, no atinó a sujetar sus ángeles, presos de la sed justiciera de los grandes días; con Sansón por capitán, arremetieron a su vez contra la canalla cegada en su ira. Ésta cayó de las esclusas celestes sobre la tierra en chorro precipitado, para seguir entredevorándose "per secula seculorum", para mejor comprensión de verdades teológicas y pacificaciones fraternales.

. . . .

En cambio, el Paraíso, purgado de la infección reciente, recomenzó su calma.

Volvió la guirnalda de angelitos a acompasar su coro, cayeron en contemplación los agraciados, y Dios, infinitamente bueno, porque es infinitamente dichoso, perdonó en su alma a los mortales las blasfemias y violencias oídas, pues en aquel día excepcionalmente paradisíaco sentíase más infinitamente bueno que de costumbre.

GÜELÉ

(PIEDAD)

Una vida curiosa. Un milagro. El indio había de manar piedad, como agua las piedras bíblicas al divino conjuro de Moisés.

La Pampa era entonces un vivo alarido de pelea. Caciques brutos, sedientos de malón, quebraban las variables fronteras. Tribus, razas y agrupaciones rayaban el desierto en vagabundas peregrinaciones pro botín.

En esa época, que no es época fija, y por esos lugares vastos, una horda de doscientas lanzas, invicta y resbalosa al combate como anguila a la mano, corría hirsuta de libertad, sin más ley que su cacique, despótica personificación de la destreza y el coraje. Cuadrilla de ladrones, no respetaba señor en ocasión propicia, y sus supercaballos, más ligeros que bolas arrojadizas, eran para la fuga símiles a la nutria herida, que no deja en el agua rastro de sus piruetas evasivas.

Murió el cacique viejo. Su astucia, bravura y lanza no dejaban, empero, el hueco sensible de los grandes guerreros. Ahí estaba el hijo, promesa en cuerpo, pues, niño todavía, sobrepujaba al viejo temido en habilidades y fierezas de bestia pampeana.

Amthrarú (el carancho fantasma) era una constante angustia para quienes tuvieron que hacer con él. Aborrecido, llevando a hombros odios intensos, fué servido según el poder de sus riquezas y adulado por temor a la tenacidad de sus venganzas. Perfecto egoísta y menospreciador de otro poderío que el conquistado a sangre, vivía feliz en desprecio del dolor ajeno.

Así era por herencia y por educación paterna. Amaba o mataba, según su humor del día.

El 24 de septiembre de no sé qué año viejo. El cacique, frescamente investido, convocó a sus capitanejos a un certamen. Quería practicar sus impulsos de tigre, y cuando los indios, en círculo, esperaban la palabra de algún viejo consejero o adivino, el mismo Amthrarú salió al medio.

Habló con impetuosidad guerrera, azuzando a todos para un copioso malón al cristiano. Él nunca había peleado a los célebres blancos y quería desmenuzar algún pueblo de aquel enemigo legendario, odiado vehemente en codicia de sus riquezas inagotables.

Cuando hubo concluído hizo rayar su pangaré favorito con gritos agudos. Parecía como querer firmar su vocerío ininteligible con las gambetas del flete más bruscas y ligeras que las del mismo ñandú enfurecido.

Al día siguiente salieron en son de guerra hollando campos, incendiando pajales, violando doncellas, agotando tesoros, sembrando muerte y espanto.

La furia de sangre llevóles lejos. Iban cansados los caballos, exhaustos los jinetes y falleciente la ira de combate.

—Veo, señor —dijo uno de sus secuaces—, blanquear el caserío de un pueblo cristiano.

Amthrarú miró ensañado el reverberar blancuzco acusador de populosa ciudad.

—¡Pues vamos! —dijo—. Grano falta a nuestros caballos, sustento a nuestros cuerpos y hembras a nuestras virilidades. Bien nos surtirá de todo el que tales riquezas tiende al sol.

Subrayando esta arenga, un clarín desgarró su valiente alarido; los brazos alzaron al unísono las lanzas que despedazaban sol. Seguidamente cargaron erizados de mil puntas.

El caserío se agrandaba, distinguiéronse puertas y ventanas. Llegaban. Amthrarú enfiló una calle; nadie le salió al paso. Sólo mujeres y niños asomaban a las rejas estremecidos por aquella avalancha de tropeles.

Desembocaron en la plaza; un palacio relumbrante aguzaba hacia el cielo una superposición numerosa de piedra.

Amthrarú se apeó al tiempo que su montura, espumante de sudor y coloreada de espolazos, caía a muerte.

Los guerreros callaron. Algo extraño, debilitador y ferviente imponíales respeto ignorado.

Amthrarú avanzó por el atrio, interrogó la maciza puerta remachada de clavos, y adivinando la entrada principal, dió en ella un gran golpe con el revés de su lanza.

El golpe se propagó por ojivas y naves, rodando a ejemplo de truenos lejanos. Los batientes de la alta portada aletearon sobre sus goznes, y en la estrecha negra grieta de una abertura investigadora apareció un ensotanado de humilde encorvamiento.

El cacique le habló como a un siervo.

—Soy Vuta-Am-Thrarú; mi nombre es en el alma de los cobardes un desgarramiento terrorífico. Invencibles son mis huestes, ricos los botines de mi lanza; el que no se dobla en mis manos, se rompe, y si no quisiera tu señor darnos vinos, manjares, hembras y presentes, nos bañaremos en su sangre, beberemos el quejido de las violadas sobre sus bocas y nos vestiremos con sus estandartes.

Una bondadosa sonrisa se diluyó en las cansadas arrugas del fraile.

—Oye —dijo—, y no se inflame tu saña contra esta miserable carroña, sólo abierta al dolor e indiferente a otra salud que la de su alma. Yo soy un humilde; mi Señor murió hace muchos años, no insultes su memoria, sígueme más bien y, en la paz claustral del recuerdo evocado por mi amor infinito, te diré su historia.

Extraño fué a Amthrarú aquel exordio. Gustábanle los relatos, frecuente pasatiempo en los momentos de inacción, allá en el aduar paterno.

—Anda —dijo. Y fué por la grieta negra tras el hombre negro.

Entraba en una nube; un mareo de incienso le flotó en el cráneo. Luces, colores imprecisos vagaron en espesa sombra fresca. Imitando a su conductor, metió la mano en una concha de mármol pegada al muro; pasósela mojada por la frente y sintió alivio al asegurar sus sensaciones imprecisas.

Sombras colgaban en harapos por rincones y techos. Los ventanales destilaban color a cataratas sobre grandes telas rojas, violáceas, cobaltos, púrpuras.

De pronto, todo vibró en un sonido quieto. Otro se unió, pareció esquivarse, buscando su tonalidad relativa hasta que un acorde levantó el templo, que vagó inseguro por los espacios.

Amthrarú se alzaba sobre sus pies. Nunca el pulcú le diera tal borrachera. Caminó unos pasos. Cruzando los rayos de un vitró, creyó vivir cristalizado en un diamante. Tambaleaba. Sintió un gran frío y cayó de bruces frente al altar mayor, donde el Cristo abría los brazos en cruz sufriendo y amando.

Una palabra tenue, de entonación ignota, columpiábase incierta por entre el acorde, el incienso y los colores. Todo lo percibido, sin comprender, se destilaba en el hablar cristalino.

—Fué hace muchos años..., muchos años. En un país ardido de sol y sequía, una orden divina engendró el bien humano en madre pura. Pesado su destino... dijo amor en una sola grande palabra y llevó la cruz del Dios hecho hombre. Había venido para resumir en su cuerpo, vasto al dolor, todos los sufrires humanos, todos los castigos, para así lavar las faltas.

Los hombres, en premio, lo crucificaron, escupiendo su rostro santo.

¡Oye, cacique, muchos son tus pecados, grandes tus faltas; pero todo se lava en la sangre de Cristo, hijo de Dios!

Amthrarú sintió la copa en sus labios, vió el rubí de un líquido y el vino oloroso corrió por su garganta sedienta; se evaporó en un intenso perfume por su paladar como el acorde en los claustros ojivales.

Sostenido por el fraile, salió hacia los suyos. Una extraña sensación de liviandad le hacía luminoso, parecíale por momentos iba a florecer.

El sol era frío, áspero como tiza. Amthrarú subía en un nuevo caballo, y sin eludirse de los suyos, encaminó su montura al aduar.

Los guerreros husmearon la derrota y siguieron cabizbajos, doloridos, como enterrando la gloria.

Durante un mes las armas del toldería, arrinconadas, se enmohecían de inacción. Callaban los refranes de guerra. El suelo erizado de lanzas era inútil templo de un culto muerto.

Amthrarú estaba enfermo; un mal extraño le roía el alma, y deliraba, duende de sus vastos dominios. La soldadesca callaba a su paso, temblorosa ante una posible arremetida de su ira sanguinaria.

Pálido de encierro, los ojos alarmados de ojeras aceradas, la melena fláccida, acompasaba pasos inciertos. No pensaba, sufría, y este estado le atormentaba como yugo que solía romper con brutales furias.

Entonces descolgaba su lanza, arremetía al primer siervo o embestía un árbol, contra el cual se ensañaba hasta tajear tan hondo en las fibras, que su brazo era impotente para arrancar el acero mordido. Cuando así le sucedía, largaba su cuerpo a muerto y quedaba al pie del tronco, desvanecido, media lanza en la mano, hasta que le transportaran a su toldo.

Otras veces corría entre los bosques desnudados por el huracán y bramaba con él, espantando al que lo viera, las manos entre el pelo, la cara levantada hacia las nubes, que pasaban volando como enormes ponchos arrancados por viento rabioso y tirados a través del cielo.

Amthrarú sufría el peor de los martirios. Dudaba. No tenía ya el reposo de su anterior egoísmo ni gozaba la beatitud de los fervientes cristianos. El desorden se revolcaba en su alma torturante como una preñez madura.

Y un día fué a su tropilla; enfrenó el mejor de sus caballos.

No admitió séquito.

Galopó, recorriendo pajonales, guaycos, médanos y llanuras. Las bolas le aseguraron sustento, y bebía en los charcos, evitando mirar su frente, desceñida del antiguo orgullo.

Fueron tres días de continuo andar; tres noches de desvelo, en indiferencia de todo lo que no fuese la atención del camino. A veces, un estremecimiento le castigaba el cuerpo: "Matar al ensotanado que lo embrujara".

Señaló su reverbero blancuzco la ciudad buscada. No en carga, sino al paso y recogido en sí mismo, enfiló la calle conocida hasta desembocar en la plaza. La misma iglesia allá, a su frente, con sus mil aristas, recortes y puntas afiladas hacia el cielo.

Amthrarú sintióse henchido, sonoro como una cúpula, y cuando el fraile le abrió la puerta del templo, que irradió su incienso, humilde le besó la cruz del pecho.

Aprendió el Cristo, los rituales, la beatitud.

El padre Juan se esmeraba en convertir al salvaje, y no ponía mérito en su palabra, sino en la omnipotencia de Dios, que obraba ese milagro inmenso en el indio sanguinario.

Amthrarú palpó su fe y desde entonces marchó, como los magos, tras la estela luminosa que le indicaba el camino de redención. Quería expiar sus pasadas violencias, e hincado por esa espuela, despertó una noche a la orden de una voz que le decía: "Has gozado en ti; ahora levántate, sufre y sé de los otros".

Obedeció, y el camino de su desierto volvió a verlo siempre disminuído, sin armas, a pie como un mendigo.

Tardó, tardó en llegar, sediento, haraposo, la boca sucia de comer raíces, pastos y bulbos.

No le reconocieron en el aduar. Amthrarú entró en su toldo; sus lujos y holganzas estaban allí en su espera. El cansancio, la sed, el hambre, un despertar de recuerdos sensuales, le tentó agudamente; pero volvió a oír la voz: "Has gozado en ti; ahora sufre y sé de los otros..."

Fué entre la chusma, eligió al más decrépito y, llevándole en brazos humildemente, le acostó en su propio lecho, tapólo con sus más ricos cobertores, dióle sus mejores prendas y púsole en la diestra su gran lanza de comando; la que tantas veces cimbrara, horizontal, pendiendo de su hombro en la mano potente, al correr descoyuntado de su pangaré.

Estaba libre; tiró su chamal, último lujo, y, siguiendo el hilo invisible de su vocación de mártir, andando anduvo por campos, pajales, guaycos, lagunas y playas, incansablemente, tras el rescate de su alma pecadora, en expiación doliente.

Así se fué, y a pesar de su antigua pericia del desierto, perdióse en la igualdad eterna de la pampa. Parecíale, en su fiebre, ganar alma, por lo que iba perdiendo de fuerzas.

Sufrió sed. Sus flancos se chupaban, astringidos. La nuca, floja por un cansancio aumentado; los ojos en tierra, algo le sorprendió... ¡un rastro!... por instinto y costumbre, siguió el andar desparejo de un caballo.

El animal parecía cansado, tropezaba a veces y adivinó otro sediento como él. El jinete iría perdido rumbo al Sur, buscando agua, y el converso trotó sin vacilar sobre la pista, clara para él como una confesión de dolor.

Pronto divisó tal un punto sobre la uniformidad arenosa: la bestia caída.

Muerto, sumido, el caballo estaba solo. Amthrarú estiró la vista. "Allá", dijo, y apresuró su paso hasta llegar junto a un hombre tendido boca abajo. Había éste cavado un hoyo, hondo como su brazo, y estaba envarado.

Amthrarú le dió vuelta. Tenía la boca llena de barro, que había estado chupando en su delirio de frescura. Ayudóle a escupir para que hablara; pero tenía la lengua como un aspa y farfulló confusamente:

—Agua, hermano; allí... río...

Amthrarú corrió olvidado de sí mismo.

El suelo se poblaba de escasas matas de esparto y paja brava. Chuciábase las piernas, que se salpicaban de poros sanguíneos.

Iba sin sentir su cuerpo, llevado por el instinto hacia el agua que intuía cercana. Evitaba las pajas cuando podía; otras, tropezaba, cortándose en las espadañas.

Un quejido ronco se exhalaba por sus labios, costrudos de sequedad.

Llegó al río, el fresco vivificó su piel, metióse en el agua, cuchareó en la corriente e iba a beber cuando tuvo una visión.

El paisano de hoy, tendido tal le viera, pero con el semblante aureolado, como sucede en las estampas sagradas, era el Cristo.

Entonces alejó de sus labios la vida, vió sólo la divina imagen y volvió lo andado, roncando más fuerte, cayendo entre espinas. El resuello era en sus oídos como algo ajeno. Poco a poco fuése haciendo musical, recordó el órgano el primer día que entrara al templo; sintióse, como entonces, divinamente, enajenado, y deliró sin perder el rumbo con claridades, sonidos y beatitudes, siempre musicadas por su gemido.

Llegó hacia el moribundo, arrodillóse y, al entregarle el agua, creyó tomar la hostia. El paisano se incorporó.

—Dios se lo pague, compañero.

Amthrarú oía:

—Tu asiento tendrás en el cielo.

Sus párpados caían; el paisano se alejaba. Amthrarú vió a Cristo elevándose por los espacios.

Unas alas le rozaron la frente: era un chimango; y Amthrarú, de pronto vuelto en sí, vió la muerte, sintió hervir la gusanera en su vientre aterrorizado.

Pero oyó la voz que le musitaba:

"Sufre y sé de los otros".

Levantó los párpados e hizo limosna de sus ojos.

SAN ANTONIO

(CASTIDAD)

En el desierto absoluto, una choza empequeñecida por su soledad.

Como único ser viviente a la vista, un chancho. Alrededor de la estaca, a la cual una soga lo retiene, el suelo, endurecido por traqueteo de pezuñas, forma un círculo que brilla. Dentro del círculo, como agujero en una moneda, hay un charco maloliente.

Intenso calor pesa en la atmósfera; bajo el matiz ceniciento de un cielo tormentoso, nubes de plomo se arrastran con pereza, y una quietud silente abruma el mundo.

El chancho, inquieto, trota en su área hasta que el cansancio le echa en el barro, donde su vientre, lleno de inmundos apetitos, se sobresalta en sacudimientos de risa satisfecha.

Eructa de contento, y su nariz adquiere la movilidad de un ojo.

En el interior de la choza, sobre tarima cubierta de harapos, un hombre duerme un sueño tartamudo.

Por entre el embotamiento de sus sentidos percibe la vida exterior. Sabe que sueña, sin que su voluntad sea capaz de arrancarle al mundo aluciente que le obceca.

Gruesas gotas de sudor corren por su cuerpo, produciendo cosquilleo desagradable. A veces, con impaciencia, se rasca, y la piel ostenta largas estrías rojas.

El grosero tejido, sobre el cual su cuerpo sufre, irrita su epidermis; las moscas revolotean en torno, posándose luego sobre su rostro, para recorrerlo en líneas quebradas y ligeras, cuya tenuidad exaspera el cutis; y cuando la mueca refleja las espanta, retornan a su volido, cuya nota untuosa es aún tortura.

En un rincón del cuarto, las dos piedras con que el ermitaño muele su trigo sudan presagiando agua.

En la inconsciencia de su letargo, el monje persigue imágenes lascivas, y un episodio juvenil revive en él idénticamente.

Su sueño escalona recuerdos en orden sucesivo, y el acto que había de fijar su vida en el camino de la santidad perdura en su sexo con toda la intensidad, suavísima, del contacto femenil.

Vivía entonces con sus padres.

Mañanas luminosas llenaban de placidez el jardín oloroso, en cuyas yerbas refrescaba sus pies, siempre secos por la misma fiebre.

Era él un niño sombrío y huraño, alimentando solitarias meditaciones con el hervor absorbente que sentía burbujear en su carne.

Ella le entró en el alma con la caricia fresca de su belleza, apenas tocada por los primeros asomos de la pubertad.

La misma tiranía de naciente deseo los aunó en la pendiente de pasión que había de esclavizarlos. Pronto se aislaron, y el campo fué pequeño para sus exigencias de vida.

Al tercer día, mientras conversaban a la sombra de un tupido paraíso que sobre ellos llovía pausadamente sus flores, un ímpetu irresistible le dió la audacia, e incrustándola sobre su pecho por fuerza de brazos ávidos, había encerrado en los suyos dos labios húmedos que resbalaron.

Locura enorme que destruye la vida.

Tuvo miedo de sí mismo; fué aniquilado por la turbulencia de su deseo, y quedó en asombro ante aquella impetuosidad desconocida, los ojos vacíos de mirada, atento a la trepidación sofocante de su pecho.

Después siguieron como antes, sin aludir, pero más estrechamente unidos.

Una noche, el sueño huía del enamorado como fantasma inalcanzable, cuando oyó un crujido en la puerta.

Su nerviosidad le hizo entrever mil incoherencias, pero nunca ésa.

Susana, desnuda, franqueaba el umbral del cuarto.

Todos los latidos de la sangre se amontonaron en sus sienes; un dolor comprimió sus músculos, y los ojos vieron turbia, como inmaterial, la aparición inesperada que cautelosamente se encaminaba hacia él.

Retúvose para no gritar, y temió que la afluencia de vida en ese momento rompiera sus venas.

Apoyado contra el muro, aterrorizado por la exaltación que en él sentía crecer, la vió aproximarse titubeando, los brazos hacia adelante, con el gesto de un anhelo ciego.

Susana tropezó en el lecho, y ambos tuvieron la sensación de un acto cumplido.

Temíala como una brasa, y, sin embargo, la sintió que entraba en las sábanas; el calor de su piel le crispó como un sólo nervio...; luego, el contacto de su cuerpo, la calidez perfumada de su boca.

Rodaron uno sobre otro. Los brazos viriles se habían amalgamado con la cintura cimbreante; pero antes que pudiera iniciar la caricia, un espasmo imposible le precipitó en el vacío. Su cráneo palpitó al impulso tumultuoso de borbotones sanguíneos. Fué presa de bruscos sobresaltos, y se retorció disparatadamente, como los cadáveres, sobre la plancha hirviente del horno crematorio.

La realidad de la alucinación ha despertado al asceta; sabe la tortura que le espera, y toda su voluntad se esfuerza para ahuyentar el espíritu de lujuria, que le tritura en sus garras.

Ya el látigo está en sus manos, y, listo para la flagelación, corre hacia afuera arrastrado por voraz necesidad de movimiento.

El primer azote ha insultado sus flancos; los plomos, que concluyen cada trenza como extraño coronamiento de cabellera enferma, han llorado en el aire, y el múltiple latigazo ha puesto puntos rojos en violáceos moretones.

Y entonces es el vértigo.

El brazo duplica sus fuerzas, los plomos caen sobre el dorso cual pesado granizo, que repercute sordamente en el tórax descarnado. Los ojos se han dilatado, endurecidos de dolor. Una borrachera sádica brota en formidable crescendo del cuerpo sanguinolento.

El penitente ríe, solloza, gime, presa de placer equívoco, en que se mezcla indescriptible angustia y desvarío.

La disciplina acelera su velocidad, y las gotas de sangre se desprenden pulverizadas.

Al fin, los miembros, anudados por calambres, se niegan a la acción, y el santo cae boca abajo como un haz de nervios retorcidos.

Sus brazos quisieran estrechar la tierra, blanda para sus dedos que la penetran. La arena cruje entre sus dientes, convulsivos, y un último estrujón le curva sobre el mundo como sobre una hembra.

Y silenciosa, horrorosamente, el milagro se cumple.

Pesadas gotas caen a intervalos, fustigando rabiosamente el suelo; bocanadas de polvo saltan en explosiones crepitantes...; al rato, un abrazo turbio confunde cielo y tierra.

El chancho, panza arriba, recibe gozoso el chaparrón, que tamborinea en su vientre, cuya piel tendida se ha vuelto, al tacto del agua, transparente y tersa como nalga de angelito.

Sus cuatro patas, cortas y tenues, en torno al consistente abdomen parecen adornos ridículos e inútiles.

Su boca, abierta, símil a una grieta en cónica proa de carne, ríe beatamente.

Más lejos, San Antonio, desparramado sobre el suelo, como espantapájaros que volteara el viento, es esclavo también del bienestar corpóreo.

El demonio ha sido desalojado de su pecho, y Dios le ha dado la paz anhelada por los mártires.

INDICE

ANTÍTESIS

AVENTURAS GROTESCAS

TRILOGÍA CRISTIANA

BIBLIOTECA CONTEMPORÁNEA

VOLÚMENES PUBLICADOS

BIBLIOTECA CONTEMPORÁNEA

VOLÚMENES PUBLICADOS

IBLIOTECA CONTEMPORÁNEA

VOLÚMENES PUBLICADOS

BIBLIOTECA CONTEMPORÁNEA

VOLÚMENES PUBLICADOS

BIBLIOTECA CONTEMPORANEA

VOLÚMENES PUBLICADOS